D1726897

Kurt Nagel/Fritz Gempel

Die 100 besten Checklisten Unternehmensübergabe

Kurt Nagel/Fritz Gempel

Die 100 besten Checklisten Unternehmensübergabe

Die Deutsche Bibliothek – CIP-Einheitsaufnahme

Nagel, Kurt:
Die 100 besten Checklisten Unternehmensübergabe / Kurt Nagel/Fritz Gempel. - Landsberg/Lech : mi, Verl. Moderne Industrie, 1999
ISBN 3-478-38130-4

Internet: http://www.mi-verlag.de

Umschlaggestaltung: Christel Aumann, Niederhausen
Satz: abc Media-Services GmbH, Buchloe
Druck: Himmer, Augsburg
Bindearbeiten: Thomas, Augsburg
Printed in Germany 380 130/079901
ISBN 3-478-38130-4

Inhaltsverzeichnis

Stichwortverzeichnis VII

Vorwort XI

I. Zielmanagement 1

II. Selbstmanagement 13

III. Zeitmanagement 35

IV. Informationsmanagement 45

V. Unternehmensanalyse 61

VI. Optimieren des Unternehmens 77

VII. Grundmodelle der Unternehmensnachfolge 83

VIII. Testament, Erbrecht und Gesellschaftsrecht 97

IX. Steuersparmodell – vorweggenommene Erbfolge 109

X. Der Familiennachfolger 121

XI. Management übergeben – Unternehmen behalten 135

XII. Buy-out – das eigene Management übernimmt das Unternehmen 143

XIII. Verpachtung des Unternehmens 155

XIV. Verkauf des Unternehmens 161

XV. Ungewöhnliche Übergabemodelle 173

XVI. Der Selbstcheck 179

XVII. Unternehmenssuche 189

XVIII. Kaufverhandlungen 195

XIX. Schubkraft nutzen 201

XX. Kleingedrucktes 209

Stichwortverzeichnis

A

Abfindung, 102
Abfindungsregelungen, 102
Allianzen, 63
Anforderungen,
- familiäre, 26
- unternehmerische, 26
Arbeitszeiten, flexible, 80
Ausrichtung, strategische, 63

B

Banken, 59
Beirat, 138
Berliner Testament, 101
Beteiligung, 117
Beteiligungen am Unternehmen, 140
Betriebliches Vorschlagswesen, 150
Betriebsklima, 67
Blockaden, 24f.
Börse
- „Neuer Markt", 91
Börsengang, 91, 175
Bruttoumsatz, 70
Buy-out-Motivationspotential, 150

C

Cash-flow, 74

E

Ehevertrag, 106, 108
Eigenkapitalquote, 74
Einflußfaktoren, 37
Einstellungen, negative, 24
Entscheidungsbefugnis, 9
Erbfolge,
- gesetzliche, 99
- vorweggenommene, 111, 114
Erbgerechtigkeit, 100
Erbmodalitäten, 89
Erbteil, 104
Erfolgsfaktoren, 27ff.
Erlösschmälerungen, 70
Ertragswert, 169

F

Familienfrieden, 100
Familiengesellschafter, 139
Familienlösung, 94
Familienstiftung, 92
Finanzierungsmöglichkeiten für das Buy-out, 147
Förderprogramme, öffentliche, 147
Formalitäten, 211
Fremdbildanalyse, 31
Fremdfinanzierung, klassische, 148
Fremdgeschäftsführer, 87, 142
Fremdgeschäftsführung, 137
Fremdmanager, 142
Fremdmittel, nachrangige, 149
Führungsmannschaft, 66
Führungsstil, 66
Führungsverhalten
- Analyse, 31

G

Gemeinkosten, 71
Generationswechsel, 11, 66
Gesamtkapitalrentabilität, 74
Gesamtziele, 4
Geschäftsführer, 87
Geschäftsführerlösung, 94
Geschäftsgrundsätze, Analyse der, 63
Geschwisterrivalitäten, 9
Gesellschafter, 87, 139
Gesellschaftsvertrag, 102, 108, 142
Gewinnverteilungsvereinbarung, 117
Glaubenssätze, 24

Grundeinstellung, positive, 15
Güterstand, 105
Gütertrennung, 106

I

Informationen, 47
Interne Wertschöpfung, 69

K

Kaufpreis, 194
Kaufpreisforderung, 194
Kompetenz, 137
– Nachfolger, 8
Kompetenzaufteilung, 11
Konfliktsituation, 7
Kooperation, 63
Kundenbearbeitung, 51
Kundenberatung, 52
Kundenbetreuung, 53
Kundenbeziehung, 54
Kundenbindung, 50, 79
Kundenzufriedenheit, 79
Kündigungsmöglichkeiten, 139

L

Leistungsdruck, 10
Lieferanten, 59

M

Management-Buy-in, 88
Management-Buy-out, 88, 95, 145
Marketingkompetenz, 72
Maschinenpark, 89
Materialaufwand, 70
Mitarbeiter, 49
Mitarbeiterbefragungen, 80, 150
Mitarbeiterbeteiligung, 150
Mitarbeitermotivation, 80
Mitbewerber, 73
Mittelstand, 30
Motivation, 67
Motivationsverhalten, 48

N

Nachfolgeklauseln, 103
Nachfolgemodell, geeignetes, 94
Nachfolgeplanung, 123
Nachfolger, 86
– als Konkurrent, 8
– Kompetenz des, 8
– Rollenproblematik des, 7
Nachfolgeregelung, 99
– vorläufige, 99
Nachwuchskraft, 7
Nießbrauch, 115
Nutzenerwartung, 198

P

Pachtvertrag, 158
Personalaufwand, 71
Personengesellschaft, 118
Pflichtteil, 104
Pflichtteilsanspruch, 102
Planung, 4
Prioritätenplan, persönlicher, 44
Produkt/Dienstleistung, Analyse, 63

R

Rechtsform, Wahl der, 118
Rollen, 137

S

Scheinbeteiligungen, 117
Schenkung, 104, 116
– von Beteiligungen, 115
Schenkungsteuer, 114
Schenkungsvertrag, 114ff.
Selbstbildanalyse, 31
Stärken-/Schwächenanalyse, 17f.
Steuerfreibeträge, 114

Steuerspartips, 120
Stiftung, 92, 177
– gemeinnützige, 177
Stufenplan, strategischer, 43
Substanzwert des Unternehmens, 169

T

Testament, 99, 102, 108

U

Übergabe
– zeitlicher Ablauf, 131
Übergang des Unternehmens, 129
Übernahme-Event, 206
Übernahmeinteressen, 197
Übernahmekompetenzen, 184, 186
Übernahme-Motivationsschub, 203
Übernahmevoraussetzungen, persönliche, 181
Übernahme-Zufriedenheitsschub, 205
Unternehmenskauf, 166
Unternehmenskaufverhandlungen, 199
Unternehmensnachfolger, 123
– Qualifizierung zum, 127
Unternehmensübernahme, 125, 127, 203
Unternehmensverkauf, 90, 96, 145, 163, 171
– Vorbereitung, 163
Unternehmer-Ehevertrag, 106
Unternehmerpersönlichkeit, 66

V

Vergütung, erfolgsabhängige, 140
Verhalten,
– negatives, 41
– positives, 41
Verhaltensmuster, 41
Verkäuferdarlehen, 148
Verkaufspreis, 90
Verkaufsverhandlungen, 167
Vermietung, 89, 95, 157
Verpachtung, 89, 95, 157
Versorgung des Ehepartners, 107

W

Wertschöpfung, interne, 69
Wertvorstellungen, 9
Wettbewerb, Analyse des, 63

Z

Zeitmanagement, 37
Zeitplanung, effiziente, 39
Ziele,
– persönliche, 3
– unternehmerische, 3
Zielformulierung, 5
Zugewinngemeinschaft, modifizierte, 106
Zukunftsfähigkeit, 73, 82

Vorwort

Ein Unternehmen wird übergeben. Bei diesem Wechsel geht es immer um sehr viel Geld, aber auch die Entscheidungen in der Lebensplanung der Beteiligten sind davon betroffen, und immer hat die Übergabe etwas mit Emotionen zu tun. Da ergeben sich rechtliche Fragen, müssen betriebswirtschaftliche Fakten berücksichtigt und steuerliche Folgen erkannt werden. In kaum einer anderen Phase der Geschichte eines Unternehmens sind die Auswirkungen des Handelns so weitreichend.

Dieses Buch will praktischer Ratgeber und nützlicher Helfer zugleich sein und verzichtet deshalb auf akademische Darstellungen. Die Handlungsanleitungen und Empfehlungen, die dieses Buch gibt, basieren vorrangig auf Beobachtung, Analyse und Auswertung von Unternehmensübergaben in verschiedenen Modellen, Branchen und Größenordnungen. Deshalb orientiert es sich auch nicht einseitig an den Interessen des Seniors oder des Juniors, des Käufers oder des Verkäufers, sondern versucht, die des Unternehmens in den Vordergrund zu stellen.

Die hier vorgestellten Checklisten können bei wichtigen Entscheidungen helfen, beim Abwägen von verschiedenen Alternativen beraten. Vielfach betreffen die Tips die steuerlichen Auswirkungen einer bestimmten Vorgehensweise. Da die Unternehmensbesteuerung, wie kaum ein anderer Bereich des Steuerrechts, fast täglich neu zur Disposition gestellt wird, wird weitgehend auf konkrete Rechenbeispiele verzichtet, aber von der Beibehaltung grundsätzlicher Ordnungen der Unternehmensbesteuerung ausgegangen.

Dieses Buch betrachtet die Unternehmensübergabe und -nachfolge als einen ganzheitlichen Vorgang, dessen Erfolg maßgeblich von den Denkstrukturen und Glaubenssätzen der handelnden Personen abhängig ist. Deshalb beginnt es nicht mit den „Grundmodellen der Unternehmensnachfolge", sondern mit Ziel-, Selbst- und Zeitmanagement.

Dieses Buch nennt nie die weibliche Form, also keine Unternehmerinnen, Juniorinnen, Seniorinnen, Geschäftsführerinnen. Die Autoren bitten die Leserinnen herzlich um ihr Verständnis, daß hier zugunsten der Lesbarkeit, Verständlichkeit und Einfachheit der Darstellungen auf geschlechtsspezifische Bezeichnungen verzichtet wurde.

Dieses Buch wurde mit größtmöglicher Sorgfalt erstellt. Trotzdem kann die Unternehmensnachfolge nicht so stark systematisiert werden, daß in einem solchen Ratgeber für jeden Einzelfall verbindliche Handlungsanleitungen bereitgestellt werden können. Eine Haftung des Verlages oder der Autoren bei der Anwendung der empfohlenen Maßnahmen ist ausgeschlossen.

Sindelfingen • München • Landsberg am Lech, im Juli 1999

I.

Zielmanagement

1. Unternehmerische und persönliche Ziele richtig bestimmen

	ja	teilweise	nein
Ich habe eine konkrete Vorstellung von meinen unternehmerischen Zielen.			
Meine unternehmerischen Ziele sind sehr realistisch.			
Die Umsatzziele für die nächsten drei Jahre sind formuliert.			
Die Kostenziele für die nächsten drei Jahre sind schriftlich fixiert.			
Die Gewinnziele für die kommenden Jahre sind konkret abgeleitet.			
Der Kapitalbedarf ist realistisch formuliert und wird von Kapitalgebern bestätigt.			
Es existieren Pläne für die wichtigsten Funktionen (Finanzen, Produktion, Personal, Beschaffung).			
Die persönlichen Ziele sind ebenfalls schriftlich formuliert.			
Die unternehmerischen und persönlichen Ziele sind in hohem Umfang verträglich.			

Eigene Anmerkungen

Planen und Kontrollieren

Unter Planen versteht man:

- ❑ sich eine klare Vorstellung über zukünftige Gegebenheiten zu machen,
- ❑ diese systematisch zu durchdenken,
- ❑ mit der gegebenen Situationen zu vergleichen,
- ❑ daraus Maßnahmen für eine optimale Gestaltung der Zukunft abzuleiten.

In der Planung wird das kommende Geschehen gedanklich antizipiert, und damit der Versuch unternommen, die Zukunft aktiv zu gestalten. Durch die Planung werden die Gesamtziele in operationelle Teilziele zerlegt. Daraus formuliert man Aufgaben, um durch eine sinnvolle Zweck-Mittel-Kombination die Zielerreichung zu ermöglichen. Der Plan hat der späteren Kontrolle Maßstäbe (Sollgrößen) zu geben.

Üblicherweise ist der Absatzplan Ausgangspunkt aller Planungsarbeiten. Prüfen Sie, welche Pläne Sie aufgestellt haben.

2. Das Planungs-/Kontrollsystem

- ❑ **Absatzplan**
  „Was kann auf dem Markt zu welchen Bedingungen abgesetzt werden?“
- ❑ **Produktionsplan**
  „Können diese Waren und Leistungen erstellt beziehungsweise zugekauft werden?“
- ❑ **Investitionsplan**
  „Welche Kapazitäten müssen für die Leistungserstellung geschaffen werden?“
- ❑ **Personalplan**
  „Welche personellen Voraussetzungen müssen gegeben sein?“
- ❑ **Beschaffungsplan**
  „Welche Leistungen müssen für die eigene Leistungserstellung beschafft werden?“
- ❑ **Kostenplan**
  „Was kosten Beschaffung, Investition, eigene Leistungserstellung?“
- ❑ **Finanzplan**
  „Woher kommen die finanziellen Mittel?“

3. Regeln der Zielformulierung

	ja	teilweise	nein
Die Ziele werden aus der Vision abgeleitet.			
Die Ziele werden gemeinsam mit den Betroffenen vereinbart.			
Die Ziele für die Mitarbeiter orientieren sich an übergeordneten Zielen (Abteilungs-, Bereichs- und Unternehmensziele).			
Die Ziele werden als Ergebnisse formuliert.			
Die Ziele sind konkret zu quantifizieren, und zwar zeitpunkt- oder zeitraumbezogen.			
Die Ziele sind anspruchsvoll und realistisch.			
Die Ziele sind klar abgegrenzt.			
Die Ziele sind widerspruchsfrei und positiv formuliert (es existieren keine Ziele, die auf Vermeidung ausgerichtet oder mit „nicht“ formuliert sind).			
Die Ziele stellen kein Dogma dar.			
Die Ziele sind schriftlich festgehalten.			

Eigene Anmerkungen

4. Ziele Ihrer Partner

	ja	teilweise	nein
Wurden die Ziele des Übergebers schriftlich erfaßt?			
Sind die Ziele des Übernehmers formuliert?			
Kennen Sie die Ziele der Führungskräfte?			
Haben Sie die Ziele der Mitarbeiter erfaßt?			
Kennen Sie die Ziele der einzelnen Kundengruppen?			
Wurden Überlegungen zu den Zielen der Öffentlichkeit angestellt?			
Konnten Sie die Ziele der Lieferanten erfassen?			
Sind die Ziele des Partners bekannt?			
Wurden die Ziele der einzelnen Zielgruppen bezüglich ihrer Verträglichkeit untereinander überprüft?			
Werden Zielkonflikte bestmöglich gelöst?			

Eigene Anmerkungen

Konfliktsituationen

In den nächsten Jahren ist bei vielen kleineren und mittelständischen Betrieben ein Generationswechsel fällig. Nie zuvor standen in der Bundesrepublik so viele Unternehmen und so viele Milliarden vor der Übergabe, wie es in den kommenden Jahren der Fall sein wird.

Es halten aber nur 30 Prozent aller Familienunternehmen bis zur dritten Generation durch – ein Drittel aller mittelständischen Unternehmen überlebt den Sprung in die nächste Generation nicht. Es gibt drei Gruppen von Zielkonflikten, die eine reibungslose Firmenübernahme verhindern können:

1. Konflikte aus der Konstellation Eltern – Sohn/Tochter
2. Konfliktsituation aus Sicht des Unternehmers
3. Konfliktsituation aus Sicht des Nachfolgers

Im folgenden werden diese Punkte näher beleuchtet.

5. Konfliktsituationen aus der Konstellation Eltern – Sohn/Tochter

❑ **Nachwuchskraft bleibt lebenslang in der Rolle des Juniors**

Die Eltern sehen den Sohn oder die Tochter nicht als eigenständige Person, d. h. nicht als Juniorchef an, sondern sehen in ihm/ihr nur das „Kind“, das in seinem betrieblichen Denken und Handeln von ihnen nicht ernst genommen wird.

❑ **Nachwuchskraft ist dem Vergleich mit Vater bzw. Mutter ausgesetzt**

Dominante Elternteile, die ungern Macht abgeben und die den Betrieb über Jahrzehnte erfolgreich geleitet haben, sehen sich selbst stets als den Maßstab der Dinge an. Sie verhindern durch ihre Dominanz das Aufbrechen von eingefahrenen Strukturen und damit letztendlich auch Innovationen.

❑ **Rollenproblematik des Nachfolgers in der Beziehung zu älteren Mitarbeitern**

Mitarbeiter, die schon seit vielen Jahren in dem Unternehmen beschäftigt sind, bekommen den „Junior“ jetzt als Vorgesetzten. Die Gefahr, den schon als Kind bekannten Nachfolger als Chef nicht ernst zu nehmen, ist dabei relativ groß.

Eigene Anmerkungen

- -

- -

6. Konfliktsituationen aus Sicht des Unternehmers

❑ **Loslassen fällt schwer**

Ein Unternehmer, der seinen Betrieb aufgebaut und seine ganze Kraft in die Firma investiert hat, ist nur ungern bereit, zur rechten Zeit sein Lebenswerk abzugeben. Das fällt um so schwerer, je weniger andere Interessen bei ihm vorhanden sind, der Betrieb also der alleinige Lebensinhalt des Seniorchefs darstellt. Dadurch entsteht im letzten Lebensabschnitt Angst vor Leere und Sinnlosigkeit.

❑ **Nachfolger wird als Konkurrent erlebt**

Durch die jahrelange Identifikation des Seniors mit der Rolle des einzigen Vorgesetzten entsteht ein Alleinherrschaftsanspruch, der keine Nebenchefs duldet. Das lange Zeit praktizierte patriarchalische Führungsverhalten verhindert eine angemessene Delegation und das Erarbeiten gemeinsamer Spielregeln, ohne die eine konstruktive Zusammenarbeit nicht möglich ist. Außerdem erschwert eine überdurchschnittlich gute Ausbildung des Nachfolgers häufig ein harmonisches Miteinander, da sich der Senior dem Junior – bewußt oder unbewußt – unterlegen fühlt.

❑ **Sorge um den Fortbestand des Unternehmens**

Was jahrelang mühevoll als das eigene Lebenswerk aufgebaut und geleitet wurde, soll unter allen Umständen erhalten und weitergeführt werden.

❑ **Zweifel an der Kompetenz des Nachfolgers**

Dem Sohn bzw. der Tochter wird nur wenig Kompetenz zugeschrieben, obwohl er/sie eine ganz ausgezeichnete Ausbildung absolviert hat. Die mangelnde Erfahrung der jüngeren Generation und die Angst des Seniors vor Fehlern des Juniors verhindern oft ein entspanntes Umgehen miteinander und schaffen Barrieren auf beiden Seiten, die dann häufig tatsächlich zu eigentlich vermeidbaren Problemen führen (sich selbst erfüllende Prophezeihung).

❑ **Ablehnung von Innovationen**

Das Altbewährte, das gestern so erfolgreich war, muß beibehalten werden, denn die eingefahrenen Strukturen haben sich doch bewährt. Offenheit gegenüber Neuerungen und das Akzeptieren von ungewöhnlichen Maßnahmen fallen unter diesen Gesichtspunkten schwer und werden deshalb von vornherein kategorisch abgelehnt.

Eigene Anmerkungen

- -

- -

7. Konfliktsituationen aus Sicht des Nachfolgers

❑ **Die neue Generation ist voller Tatendrang, erhält aber keine Chance**

Besonders die gutausgebildeten Nachwuchskräfte bringen Vorstellungen und Ideen mit, die sie gerne im eigenen Betrieb realisieren würden. Da sie aber selten in die Unternehmensführung einbezogen werden – und wenn doch, dann auf Ablehnung stoßen oder wenig bzw. keine eigene Entscheidungsbefugnis besitzen –, reduziert sich ihr Tatendrang schnell.

❑ **Kreativität wird untergraben**

Infolge von eingefahrenen Strukturen, die vom Seniorchef und den langjährigen Mitarbeitern stur aufrechterhalten werden, sind neue Wege zu innovativen Problemlösungen versperrt.

❑ **Unterschiedliche Wertvorstellungen**

Der Seniorchef verlangt von seinen Untergebenen vor allem Fleiß, Disziplin, Pünktlichkeit und Gehorsam, während der Juniorchef größeren Wert auf Eigeninitiative, Verantwortungsbewußtsein, Entscheidungsbereitschaft und Konfliktfähigkeit legt. Gleichzeitig kann aber auch eine unterschiedliche Geschäftsstrategie ein gravierendes Problem darstellen.

❑ **Fremdbestimmung**

Das vorhandene Streben nach Autonomie wird vom patriarchalischen Führungsverhalten des Seniors verhindert, der Nachfolger erlebt eine Abhängigkeit, die zu Hilflosigkeit führt. Selbständiges Agieren, Übernehmen von Verantwortung und Entscheidungsbereitschaft werden durch ein solches Verhalten des Chefs als Alleinherrscher beim Juniorchef untergraben. Dies führt zu Demotivation bzw. zu kontraproduktivem Verhalten gegenüber dem Unternehmer.

❑ **Geschwisterrivalitäten**

Durch unklare Betriebsaufteilung und Kompetenzen wird unnötig viel Energie an destruktives Rivalitätsgerangel vergeudet. Es gibt keinen von allen getragenen Konsens, der produktives Arbeiten erst ermöglicht.

❑ **Mangelnde Identifikation mit dem Unternehmen**

Der Sohn/die Tochter stehen nicht hinter den Zielen des Betriebes, haben meist andere Vorstellungen und können sich deshalb nur schwer mit dem Unternehmen identifizieren. Selbst wenn alle Betroffenen an einem Strang ziehen, so gehen sie doch gedanklich in unterschiedliche Richtungen, was das Bündeln der Kräfte verhindert und langfristig zu negativen betrieblichen Konsequenzen führt.

7. Konfliktsituationen aus Sicht des Nachfolgers *(Forts.)*

❑ **Erwartungshaltung als Leistungsdruck**

Der Firmeninhaber erwartet von seinem Nachfolger ein anderes Verhalten, als dieser an den Tag legt. In der Auseinandersetzung kann es sowohl um die Länge und Intensität der Arbeitsleistung als auch um die unterschiedliche Auffassung im Umgang mit den Mitarbeitern oder um die persönliche Auffassung von Lebensqualität gehen. Auch die Befürchtung, daß zu wenige Kompetenzen vorhanden sind, führt häufig zu einem demotivierenden Leistungsdruck von oben.

! ***Empfehlungen!***

❑ Analysieren Sie mögliche Probleme aus der gegebenen Konstellation!

❑ Analysieren Sie mögliche Probleme aus Sicht des Unternehmers!

❑ Analysieren Sie mögliche Probleme aus Sicht des Nachfolgers!

❑ Orientieren Sie sich an den im folgenden dargestellten Lösungsvorschlägen!

❑ Binden Sie gegebenenfalls kompetente Ratgeber mit ein!

Eigene Anmerkungen

8. Wie können Konfliktsituationen beim Generationswechsel vermieden werden?

- ❑ Die rechtliche und finanzielle Klärung der Familiensituation sollte rechtzeitig erfolgen!
- ❑ Die Ausbildungsrichtung des klar benannten Nachfolgers sollte aus den Anforderungen des Betriebes abgeleitet werden und umfassend sein!
- ❑ Es ist sinnvoll, Juniorchefs in einem branchengleichen Fremdbetrieb ausbilden zu lassen, damit sie dort Eigenständigkeit und Selbstwertgefühl entwickeln und die Juniorrolle im eigenen Betrieb dann kompetenter einnehmen können.
- ❑ Bezüglich der Unternehmensstrategie muß es rechtzeitig einen Konsens geben, mit dem sich Senior und Junior identifizieren können!
- ❑ Klare Kompetenzaufteilung auf alle betroffenen Familienmitglieder ist eine wichtige Voraussetzung für den erfolgreichen Umgang miteinander.
- ❑ Genau abgegrenzte Verantwortungsbereiche verhindern Rivalitäten und erleichtern die Identifikation mit dem eigenen Arbeitsfeld.
- ❑ Firmennachfolger dürfen sich nicht in die Rolle des unbedarften Juniors drängen lassen, sondern müssen um Anerkennung hart kämpfen!
- ❑ Firmeninhaber sollten durch ihr Vorbild dafür sorgen, daß dem Nachfolger mit Achtung und Respekt begegnet wird!
- ❑ Auftauchende Probleme sind rechtzeitig anzusprechen und zu klären; bei schwierigen Konfliktsituationen ist ein externer Berater einzuschalten!

Eigene Anmerkungen

II.

Selbstmanagement

9. Thesen zur positiven Grundeinstellung

Schätzen Sie sich selbst ein!	**trifft auf mich zu**	**trifft teilweise zu**	**trifft nicht zu**
Der positive Mensch blickt erwartungsvoll, trotz aller Schwierigkeiten, auf die möglichen Lösungsansätze.			
Der positive Mensch ist stets lernbereit und hängt nicht an Überholtem und Althergebrachtem.			
Der positive Mensch kommt oft aus den schwierigsten und scheinbar hoffnungslosen Situationen mit einem akzeptablen Ergebnis heraus.			
Der positive Mensch sucht bei Schwierigkeiten nach realistischen Lösungsmöglichkeiten und verzichtet auf „Patentlösungen".			
Der positive Mensch ist ein Realist. Er sieht alle Schwierigkeiten, und er sieht sie klar!			
Der positive Mensch erlaubt Schwierigkeiten und Problemen nicht, ihn niederzudrücken oder ihn gar zu besiegen.			
Der positive Mensch steckt andere mit seinem Optimismus und seiner Lösungsbereitschaft an, schafft um sich herum ein Klima der Zuversicht und erkennt Chancen, wo andere nur Schwierigkeiten sehen.			
Die Kraft des positiven Denkens entsteht aus einem systematischen Optimismus, der zu einem festen Bestandteil unseres Bewußtseins wird.			

Eigene Anmerkungen

10. Ausprägungsgrad meiner positiven Grundeinstellung

Persönliche Einstellung	Ausprägung		
	hoch	mittel	niedrig
Optimismus			
Aktivität			
Selbstbewußtsein			
Toleranz			
Aufgeschlossenheit			
Eigenständigkeit			
Ausgeglichenheit			
Kontaktfreudigkeit			
Entscheidungsfreude			
Begeisterungsfähigkeit			
Belastbarkeit, körperlich			
Zielstrebigkeit			
Lernfähigkeit			
Kompromißbereitschaft			
Belastbarkeit, emotional			

Eigene Anmerkungen

- -

- -

- -

- -

11. Ziele der Stärken- und Schwächenanalyse

- ❑ Ein realistisches Selbstbild ermöglichen
- ❑ Überwinden der eigenen, selbstauferlegten Grenzen
- ❑ Unbewußte negative persönliche Annahmen über sich selbst einschränken
- ❑ Unterschiedliche Entfaltungsmöglichkeiten aufzeigen
- ❑ Den Glauben an die eigene Leistungsfähigkeit stärken
- ❑ Die Entschlossenheit, die eigenen Fähigkeiten stärker zu nutzen und zu entwickeln
- ❑ Einsatzbereitschaft und Begeisterungsfähigkeit für neue Aufgabenstellungen wecken

Eigene Anmerkungen

12. Do it yourself: Stärken-/Schwächenanalyse

	ja	teilweise	nein
1. Sind mir meine persönlichen Stärken bewußt?	5	3	0
2. Sind mir meine persönlichen Schwächen bewußt?	5	3	0
3. Ist mein Leben selbstbestimmt, lebe ich nach meinen eigenen Vorstellungen, Richtlinien und Zielsetzungen?	5	3	0
4. Ist mein Leben fremdbestimmt, d. h., lebe ich nach den Vorstellungen oder Vorgaben anderer, kommt mein Denken damit aus zweiter Hand?	0	3	5
5. Plane ich meine kurz-, mittel- und langfristigen Ziele konsequent und methodisch?	5	3	0
6. Konzentriere ich mich auf die Hauptaufgaben, und widme ihnen meine überwiegende Zeit?	5	3	0
7. Fühle ich mich den Anforderungen meines Berufes gewachsen?	5	3	0
8. Bewege ich mich in meinem Aufgabenfeld innerhalb meiner eigenen Grenzen?	0	3	5
9. Gestalte ich mein Aufgabenfeld aufgrund meiner Fähigkeiten und Neigungen und nicht nach der Erwartungshaltung meiner Umwelt?	5	3	0
10. Besitze ich Kenntnis über die eigenen Denkabläufe? (Denke ich eher analytisch, mathematisch-abstrakt, linear, logisch, rational und detailliert oder eher ganzheitlich, analog, intuitiv, kreativ, symbolisch und emotional?)	5	3	0
11. Stelle ich mir Fragen wie: – Was ist für mich wirklich wichtig? – Warum bin ich so, wie ich bin? – Was mache ich falsch? – Wie kann ich mich positiv ändern?	5	3	0
12. Treffe ich berufliche Entscheidungen selbständig und aufgrund ausreichender sachlicher Information?	5	3	0

12. Do it yourself: Stärken-/Schwächenanalyse *(Forts.)*

	ja	teilweise	nein
13. Werden meine persönlichen Entscheidungen im Leben vorwiegend durch die Erwartungshaltung anderer beeinflußt und von der Meinung der Umwelt bestimmt?	0	3	5
14. Sehe ich im Eigennutzen auch gleichzeitig Nutzen für die anderen?	5	3	0
15. Realisiere ich meine persönlichen und beruflichen Vorhaben durch – eindeutige Zielsetzung? – Erstellen von Plänen? – Setzen von Prioritäten? – Organisation des Ablaufs? – Kontrolle der Ergebnisse?	5	3	0
16. Konzentriere ich meine Kräfte auf die Lösung der jeweils dringendsten Probleme meiner Umwelt?	5	3	0
17. Lege ich besonderen Wert auf gute zwischenmenschliche Beziehungen?	5	3	0
18. Ist meine Einstellung zu den Mitmenschen und zu meinem Umfeld positiv?	5	3	0
19. Gehe ich Konflikten mit meiner Umwelt aus dem Weg?	0	3	5
20. Setze ich mich bei der Suche nach Problemlösungen aufgrund meiner von mir selbst angenommenen Kompetenz stets durch?	0	3	5
21. Bin ich bereit, auf meine Verhandlungspartner einzugehen, auch wenn ich dabei Abstriche bei meinen eigenen Zielen machen muß?	5	3	0
22. Suche ich die Ursachen meines Mißerfolgs bei anderen bzw. in meinem Umfeld?	0	3	5
23. Bin ich bereit, ständig Neues zu lernen, und bin ich von dieser Notwendigkeit auch überzeugt?	5	3	0
24. Erwarte ich von meinen Tätigkeiten und Unternehmungen, daß ich sie erfolgreich abschließe?	5	3	0

12. Do it yourself: Stärken-/Schwächenanalyse *(Forts.)*

	ja	teilweise	nein
25. Bin ich als Persönlichkeit mutig und stark genug, in dieser Eigenanalyse meine Fehler zu erkennen und sie mir einzugestehen, um aus ihnen zu lernen und verbesserungswürdige Persönlichkeitsbereiche herauszufinden?	5	3	0

Die Stärken-/Schwächenanalyse sollte wahrheitsgemäß ausgefüllt werden!

Die Antworten mit den entsprechenden Punkten werden dann in den Auswertungsbogen eingetragen. Anschließend überträgt man die herausgefilterten Stärken und Schwächen in das Blatt „Persönliche Stärken-/Schwächenanalyse", setzt Prioritäten und markiert ausbaufähige Fähigkeiten bzw. zu vermeidende Eigenschaften.

Eigene Anmerkungen

13. Persönliches Stärken- und Schwächenprofil: Auswertungsbogen

Fragen	0 Punkte	3 Punkte	5 Punkte
1.			
2.			
3.			
4.			
5.			
6.			
7.			
8.			
9.			
10.			
11.			
12.			
13.			
14.			
15.			
16.			
17.			
18.			
19.			
20.			
21.			

13. Persönliches Stärken- und Schwächenprofil: Auswertungsbogen *(Forts.)*

Fragen	0 Punkte	3 Punkte	5 Punkte
22.			
23.			
24.			
25.			

Eigene Anmerkungen

Persönliche Stärken-/Schwächenanalyse

Stärken	Priorität	ausbaufähig	Schwächen	Priorität	abbaubar

Umgang mit negativen Einstellungen

Wir alle haben bestimmte Glaubenssätze, die uns manchmal davon abhalten, wichtige Ziele zu erreichen. Ganz sicher haben auch Sie beispielsweise eine Vision von Ihrem Unternehmen, seinen Mitarbeitern und Kunden, eine Vorstellung davon, wie sie sein sollten. Aber irgend etwas in Ihrem Kopf läßt diese Vision erst gar nicht zu konkreten Zielen wachsen. Allerdings: Wenn Sie diese Blockaden im Kopf durchbrechen, können Sie Visionen wahr werden lassen. Der erste Schritt bei der Aufhebung von negativen Einstellungen besteht in der Verinnerlichung positiver Glaubenssätze. Hier weitere Beispiele, die sich in verkaufspsychologischen Trainings bewährt haben:

14. Beseitigen von negativen Einstellungen, die vom Erreichen der Ziele abhalten

	trifft zu	**trifft weniger zu**	**trifft nicht zu**
Ich gestalte jeden Tag so, als wäre er der wichtigste in meinem Leben!			
Die Art, wie ich Erlebnisse und Erfahrungen deute, entscheidet darüber, wer ich bin und sein werde!			
Ich habe die Fähigkeit, Ereignisse positiv zu interpretieren und mir dadurch Kraft zu geben!			
Ich will konstante und lebenslange Verbesserungen!			
Ich erhalte, was ich wirklich und beständig will!			
Ich kann mich, ohne besonderen Anlaß, in emotionaler Höchstform fühlen.			
Ich kann meine Gedanken, meine Gefühle und meinen Körper gezielt und autonom steuern.			
Nicht mein Erleben, sondern die Art, wie ich es interpretiere, ist entscheidend.			

Aufgabe! Nehmen Sie sich jetzt zehn Minuten Zeit, und schreiben Sie Ihnen wichtige, ermutigende Glaubenssätze auf. Begründen Sie, warum Sie gut sind, warum Sie Erfolg haben, warum Sie auf andere begehrenswert wirken.

TIP! Stellen sich sich vor Ihrem geistigen Auge eine Pinwand mit Ihren positiven Glaubenssätzen vor.

14. Beseitigen von negativen Einstellungen, die vom Erreichen der Ziele abhalten *(Forts.)*

Nach dieser Aufgabe werden Sie sich spürbar besser fühlen! Der zweite Teil des Tests besteht darin, Ihre entmutigenden Glaubenssätze aufzuschreiben. Was also hält Sie davon ab, erfolgreich, schön, reich und begehrenswert zu sein? Jetzt werden Sie die Blockaden in Ihrem Kopf ein für allemal beseitigen! Betrachten Sie die einschränkenden Glaubenssätze, und beantworten Sie sich diese Fragen:

❑ Was ist an diesen Glaubenssätzen geradezu lächerlich, blödsinnig, absurd?

❑ War die Person, von der ich einen bestimmten negativen Glaubensatz übernommen habe, das wert?

❑ Welchen Preis (zwischenmenschlich, emotional, körperlich, finanziell) habe ich in der Vergangenheit schon bezahlt, weil ich diesen negativen Glaubenssatz noch nicht abgeschüttelt habe?

Spüren Sie, wie schwach Ihre negativen Glaubenssätze geworden sind? Entschließen Sie sich jetzt, diesen Ballast im Kopf ein für allemal über Bord zu werfen. Das geht etwas leichter, wenn Sie den bisherigen negativen Glaubenssatz in einen positiven Glaubenssatz ummodellieren.

❑ Hier ein Beispiel: Sie waren bisher von dem Glaubenssatz belastet „Weil ich keinen Doktortitel habe, werde ich nie die Anerkennung bekommen, die ich mir wünsche." Jetzt modellieren Sie diesen negativen Glaubenssatz in einen positiven um: „Weil ich ein Höchstmaß an fachlich-praktischer Erfahrung habe, werde ich von vielen Menschen beneidet und bewundert."

! *TIP!* Schreiben Sie Ihre negativen Glaubenssätze jeweils einzeln auf ein Blatt. Dann zerreißen, zerknüllen oder verbrennen Sie dieses Papier. Zeigen Sie sich selbst, daß Sie Ihre einschränkenden Glaubenssätze besiegen können.

Eigene Anmerkungen

15. Konfliktvermeidung im Spannungsfeld von Unternehmen und Familie

unternehmerische Anforderungen ◄			Ausprägung			► familiäre Anforderungen
	+2*	+1**	0***	+1	+2	
❑ Zeitlicher Einsatz						❑ Freizeit
❑ unternehmerisches Denken						❑ familienorientiertes Denken
❑ finanzielle Vorstellungen						❑ finanzielle Absicherung
❑ Karrieredenken						❑ Standort in der Familie
❑ Mitbestimmung am Arbeitsplatz						❑ Mitbestimmung in der Familie
❑ unternehmerische Aufgaben						❑ Hobbys/Spiele
❑ Entscheidungsbefugnis						❑ keine Entscheidungs-befugnis
❑ unternehmensbedingte Arbeitsmethoden						❑ familiär bestimmte Arbeits-methoden
❑ unternehmenszentrierte Führungsformen						❑ familiär zentrierte Führungsformen
❑ Freiräume für berufliche Kreativität						❑ Freiräume für private Kreativität
❑ Bestimmbarkeit des Arbeitsrhythmus						❑ beruflicher Einfluß auf den Arbeitsrhythmus
❑ Kontaktmöglichkeiten zu Kollegen, Kunden, Lieferanten						❑ Kontaktmöglichkeiten zu Freunden, Verwandten
❑ Bedeutung eines positiven Betriebsklimas						❑ Bedeutung eines positiven Familienklimas
❑ flexible Arbeitszeit-gestaltung im Unternehmen						❑ flexible Arbeitszeitent-faltung in der Familie

* + 2 = stark
** + 1 = mittel
*** 0 = gering

16. Sind Sie reif für die Unternehmensübergabe bzw. -nachfolge?

Im folgenden finden Sie einige Checklisten zum Ermitteln des speziellen Reifegrades des Übergebers bzw. Übernehmers.

Wählen Sie die für Sie relevanten Fragestellungen aus, bewerten Sie die Prüflisten, und ziehen Sie daraus die notwendigen Folgerungen.

Spannungsgefüge der Erfolgsfaktoren

Übergeber		**Übernehmer/ Neugründer**
defensiv	Strategie	**offensiv**
5 4 3 2 1		1 2 3 4 5
abgeben	Organisation	**lernen**
5 4 3 2 1		1 2 3 4 5
pflegen	Informationssysteme	**entwickeln**
5 4 3 2 1		1 2 3 4 5
Coach	Führung	**Spielmacher**
5 4 3 2 1		1 2 3 4 5
Ratgeber	Mitarbeiter	**Ratnehmer**
5 4 3 2 1		1 2 3 4 5
binden	Kunden	**betreuen**

16. Sind Sie reif für die Unternehmensübergabe bzw. -nachfolge? *(Forts.)*	
Bewertung von Unternehmensgründern	
1. Persönliche Eignung	1 — 2 — 3 — 4 — 5
2. Unternehmerische Eignung	1 — 2 — 3 — 4 — 5
3. Vorhandensein eines Konzepts	1 — 2 — 3 — 4 — 5
4. Bewertung der Marktchancen	1 — 2 — 3 — 4 — 5
5. Amortisation des investierten Kapitals	1 — 2 — 3 — 4 — 5
6. Chancen für den Transfer der Ideen, Produkte, Dienstleistungen	1 — 2 — 3 — 4 — 5
7. Bewertung der Finanzierung	1 — 2 — 3 — 4 — 5
8. Bewertung des Risikos	1 — 2 — 3 — 4 — 5
Erreichte Punktzahl:	

1 = niedrig, sehr niedrig/schwach
2 = niedrig/ausreichend
3 = befriedigend
4 = gut
5 = sehr gut

Eigene Anmerkungen

- -

- -

- -

16. Sind Sie reif für die Unternehmensübergabe bzw. -nachfolge? *(Forts.)*

Persönliche Erfolgsfaktoren

Persönlichkeitswerte — **Bewertung in Punkten:**

- ❑ Eigeninitiative — 1 — 2 — 3 — 4 — 5
- ❑ Hartnäckigkeit — 1 — 2 — 3 — 4 — 5

Unternehmerische Kompetenz

- ❑ Ergebnisorientierung — 1 — 2 — 3 — 4 — 5
- ❑ Verantwortungsübernahme — 1 — 2 — 3 — 4 — 5

Soziale Kompetenz

- ❑ Teamfähigkeit — 1 — 2 — 3 — 4 — 5
- ❑ Fremdmotivation — 1 — 2 — 3 — 4 — 5

Fachliche Kompetenz

- ❑ Können — 1 — 2 — 3 — 4 — 5
- ❑ Praxisorientierung — 1 — 2 — 3 — 4 — 5

17. Generationswechsel im Mittelstand	ja	nein
Sind die rechtlichen Belange des Unternehmens zur Zufriedenheit aller Betroffenen geklärt?		
Ist der Zeitpunkt der Übergabe fixiert?		
Wurde der am besten geeignete Nachfolger im konstruktiven Miteinander gesucht und gefunden?		
Ist die Aus- und Weiterbildung des Firmennachfolgers an den künftigen Anfordernissen orientiert?		
Wurde eine von allen getragene Unternehmensstrategie gefunden?		
Gibt es klare Absprachen über die Aufgabenbereiche der einzelnen Familienmitglieder?		
Sind die Kompetenzen entsprechend den unterschiedlichen Fähigkeiten oder Fertigkeiten optimal aufgeteilt?		
Verhindern klar abgegrenzte Verantwortungsbereiche Rivalitätsverhalten?		
Werden Sachkonflikte sofort angesprochen und konstruktiv gelöst, bevor sie zu unüberwindlichen Beziehungskonflikten werden?		
Sind alle bestrebt, durch Offenheit und Toleranz ein konstruktives Miteinander zu gewährleisten?		

Eigene Anmerkungen

Das eigene Führungsverhalten durchleuchten

Bei der „Analyse des eigenen Führungsverhaltens" (vgl. Test 1, Checkliste 18) sind zehn unterschiedliche Verhaltenstypen aufgeführt, mit denen sich eine Führungskraft häufig konfrontiert sieht. Die Bewertungsskala bietet fünf Möglichkeiten, das eigene Verhalten einzuordnen. Nachdem die persönliche Position markiert ist, sollten alle Skalenmarkierungen mit einer Linie verbunden werden, um ein Führungsprofil zu erhalten. Das Führungsverhalten ist dann optimal, wenn die Profilkurve nahe am mittleren Skalenpunkt verläuft. Je näher sich die Profilkurve jedoch an den beiden äußeren Skalenpunkten befindet, desto mehr Handlungsbedarf ist gegeben, das eigene Verhalten zu überdenken.

Die Checkliste Führungsverhalten (vgl. Test 2, Checkliste 19) gibt zusätzlich die Möglichkeit, konkrete Schwachstellen im Umgang mit den Mitarbeitern herauszufinden. Dabei bedeuten zwei Punkte auf der Bewertungsskala eine sehr geringe und zehn Punkte eine sehr hohe Ausprägung der einzelnen Verhaltenskriterien. Die Erkenntnisse aus dem Test 1 und dem Test 2 ergeben das Selbstbild einer Führungskraft und sollten als Grundlage für Verhaltensänderungen verwandt werden.

Beide Tests eignen sich nicht nur für die Selbstbildanalyse durch die Führungskraft; sie können auch durch die Mitarbeiter im Sinne einer Fremdbildanalyse ausgefüllt werden. D. h., die Mitarbeiter bewerten damit ihre Vorgesetzten und ihr Umfeld. Aus dem Vergleich von Selbstbild und Fremdbild ergeben sich konkrete Ansatzpunkte für eine konstruktive Diskussion.

18. Analyse des eigenen Führungsverhaltens (Test 1)

Im folgenden finden Sie eine Auswahl von Führungsverhaltensweisen. Versuchen Sie bitte selbstkritisch, Ihre Verhaltensweisen auf einem der fünf Skalenpunkte zu lokalisieren.

Aussagen über die Leistungen der Mitarbeiter

☐———☐———☐———☐———☐

Vermeide eine Aussage — Bin viel zu direkt

Zuhören können

☐———☐———☐———☐———☐

Schlechter Zuhörer — Nehme alles zu persönlich

Vertrauen zu Mitarbeitern

☐———☐———☐———☐———☐

Mißtrauisch — Zuviel Vertrauen

18. Analyse des eigenen Führungsverhaltens (Test 1) *(Forts.)*

Offenheit über eigene Gefühle

☐———☐———☐———☐———☐

Sehr verschlossen — Zu offenherzig

Aufgeschlossenheit gegenüber Ideen

☐———☐———☐———☐———☐

Nicht aufgeschlossen — Viel zu unkritisch

Verantwortung tragen

☐———☐———☐———☐———☐

Vermeide Verantwortung — Übernehme zuviel Verantwortung

Konfliktlösung

☐———☐———☐———☐———☐

Vermeide Konflikte — Bewerte Konflikte zu hoch

Freiheitsgrad für Mitarbeiter

☐———☐———☐———☐———☐

Schränke sie zu sehr ein — Überlasse ihnen alles allein

Betreiben von Selbstreflexion

☐———☐———☐———☐———☐

Denke nie über mich nach — Denke zuviel nach

Führungseinstellung

☐———☐———☐———☐———☐

Bin zu autoritär — Bin zu nachgiebig

18. Analyse des eigenen Führungsverhaltens (Test 1) *(Forts.)*

Verbinden Sie nun alle Skalenmarkierungen mit einer Linie, um ein Führungsprofil zu erhalten. Ihr Führungsverhalten ist dann optimal, wenn Ihre Profilkurve nahe am mittleren Skalenpunkt verläuft!

Achtung! Je näher Ihre Profilkurve an den beiden äußeren Skalenpunkten verläuft, desto mehr Handlungsbedarf haben Sie, Ihr Verhalten zu ändern.

Eigene Anmerkungen

19. Führungsverhalten (Test 2)

	Ausprägungsgrad				
	2*	4	6	8	10**
Meine Mitarbeiter sind über meine Grundsätze und Ziele umfassend informiert.					
Die Kompetenzen und Aufgabengebiete sind bei uns klar definiert und abgegrenzt.					
Ich übertrage meinen Mitarbeitern genügend Eigenverantwortung.					
Ich gewähre meinen Mitarbeitern genügend Eigeninitiative.					
Ich ermögliche meinen Mitarbeitern ein hohes Maß an persönlicher Mitwirkung.					
Meine Mitarbeiter binde ich bei der Suche nach Problemlösungen mit ein.					
Die Arbeitsfreude und Leistungsbereitschaft meiner Mitarbeiter fördere ich durch Lob und Anerkennung.					
Ich praktiziere einen fairen und kooperativen Führungsstil.					
Meine Mitarbeiter erhalten alle für sie relevanten Informationen von mir.					
Ich nutze die Spezialkenntnisse meiner Mitarbeiter und frage sie auch um Rat.					
Mit meinem Team arbeite ich kooperativ und kollegial zusammen.					
Ich schaffe für meine Mitarbeiter attraktive soziale Umfeldbedingungen.					
Teamkonflikte versuche ich gemeinsam mit den Mitarbeitern zu lösen und nicht zu verdrängen.					

* 2 = geringe Ausprägung
** 10 = sehr hohe Ausprägung

III.

Zeitmanagement

Die Zeit optimal einteilen

Erfolgsmenschen sind meist auch erfolgreiche Manager ihrer Zeit. Sie haben es geschafft, ihre Aktivitäten so in den Griff zu bekommen, daß sie immer Zeit für das Wesentliche haben und nie über Zeitnot und Arbeitsüberlastung klagen müssen. Da Zeit ein wichtiges Gut ist, von dem man nicht beliebig viel zur Verfügung hat, sollte man meinen, daß mit diesem wertvollen Rohstoff besonders sorgsam umgegangen wird – das Gegenteil ist aber häufig der Fall!

In diesem Zusammenhang darf man jedoch nicht unbeachtet lassen, daß es den meisten Menschen nicht möglich ist, ihre Zeit so zu verwenden, wie sie es gerne hätten. Vor allem wirtschaftliche und soziale Zwänge setzen klare Rahmenbedingungen. Hinzu kommt in vielen Fällen ein hoher Grad an Fremdbestimmung durch Vorgaben von Chefs, Kunden, Lieferanten, Mitarbeitern oder Familienangehörigen. Die Ausprägung an Außenbestimmung ist je nach der jeweiligen Situation und den ausgewählten Tätigkeiten unterschiedlich. Dennoch haben wir alle die Möglichkeit, unsere Zeitprobleme innerhalb der Rahmenbedingungen besser zu bewältigen. Erinnert sei hier an einen Ausspruch des römischen Philosophen Seneca: „Es ist nicht wenig Zeit, die wir haben, sondern es ist viel, die wir nicht nützen."

Das Streben, unsere Zeit sinnvoll zu nutzen, beeinflußt unser Leben positiv. Diese Tatsache gewinnt um so mehr an Bedeutung, wenn man sie nicht nur auf kurze Zeit, sondern auf lange Sicht sieht. Vor diesem Hintergrund ist es verständlich, wenn Alan Lakein, einer der profilierten Fachleute auf dem Gebiet des Zeitmanagements in den USA, folgert: „Wer seine Zeit aus der Hand gleiten läßt, läßt sein Leben aus der Hand gleiten, wer seine Zeit in der Hand hat, hat sein Leben in der Hand." Also: „Vergeudete Zeit ist vergeudetes Leben – genutzte Zeit ist erfülltes Leben", erläutert Lakein weiter.

Die Selbsteinschätzung in bezug auf das Zeitmanagement soll dazu dienen, den persönlichen Standort in Sachen effektive Selbstorganisation zu erkennen. Dazu müssen die 15 Aussagen wahrheitsgemäß mit „selten", „häufig" bzw. „immer" beantwortet werden. Aus den einzelnen Punkten wird dann eine Gesamtpunktzahl ermittelt. Der Effizienzgrad des Zeitmanagements kann anschließend mit Hilfe der Auswertung abgelesen werden. Wichtig dabei ist aber auch, die einzelnen Schwachstellen im Test zu markieren, zu gewichten und Maßnahmen zu deren Beseitigung zu erarbeiten.

Der Test zur Situationsanalyse „Effektiver arbeiten" (Checkliste 21) zeigt 20 Einflußfaktoren für das Zeitmanagement. Bei diesem Test gilt es, die jeweilige Ausprägung auf einer Skala von null bis zehn festzustellen. Neben der Ermittlung des gegenwärtigen Standorts ist die Frage zu beantworten: „Wo will ich morgen sein?" Als Planungszeitraum zur Realisierung seiner Ziele sollte man von ein bis zwei Jahren ausgehen. Abgeleitet von der ermittelten Differenz zwischen SOLL und IST können konkrete Maßnahmen entwickelt werden.

20. Zeitmanagement

	selten (0)	häufig (3)	immer (5)
Ich lege meine Ziele und Aufgaben immer schriftlich nieder.			
Ich differenziere: – kurzfristige – mittelfristige – langfristige Zielsetzungen und fixiere diese Termine im Kalender.			
Ich kontrolliere meine Ziele und Aufgaben.			
Ich teile meine Zeit realistisch ein und reserviere ausreichend Spielraum für Unvorhergesehenes.			
Ich bekämpfe Störungen von seiten Dritter.			
Ich gebe alle delegierbaren Aufgaben weiter, um mir ausreichend Zeit für das Wesentliche zu schaffen.			
Wenn ich Wichtiges zu erledigen habe, bringe ich es jederzeit fertig, nein zu sagen, wenn andere meine Zeit beanspruchen wollen.			
Meine zu erledigenden Aufgaben teile ich nach Prioritäten ein.			
Jeden Arbeitsvorgang nehme ich nur einmal zur Hand.			
Ich bringe meine Arbeitszeit in Einklang mit meiner physiologischen Leistungsbereitschaft.			
Ich steuere meinen Energieverbrauch durch eine sinnvolle Pausenplanung.			
Ich versuche, auch die Kleckerzeiten sinnvoll zu nutzen.			
Ich vermeide Unordnung bzw. Perfektionismus.			
Ich plane am Ende eines Arbeitstages den nächsten Tag und erstelle eine Aktivitätenliste.			

20. Zeitmanagement *(Forts.)*

Auswertung!

0 – 20 Punkte:	Sie betreiben keine effiziente Zeitplanung und lassen im wesentlichen andere über Ihre Zeit bestimmen. Viel kostbare Zeit geht Ihnen auf diese Weise verloren.
21 – 45 Punkte:	Sie sind zwar bestrebt, Ihre Zeit in den Griff zu bekommen, handeln in der Durchführung aber nicht konsequent genug.
46 – 60 Punkte:	Sie betreiben ein gutes Zeitmanagement und sollten versuchen, sich auch in den restlichen Bereichen zu verbessern.
61 – 70 Punkte:	Sie sind ein Vorbild für alle, die Zeitprobleme haben, und sollten andere von Ihren Erfahrungen im effizienten Zeitmanagement profitieren lassen.

Eigene Anmerkungen

21. Effektiver arbeiten

Einflußfaktoren	Ausprägung (0 – 10)		Differenz	Maßnahmen
	heute	morgen		
Ziele setzen				
Planungen erarbeiten				
Aktivitäten festlegen				
Prioritäten setzen				
Kontrollen vornehmen				
Störungen beseitigen				
Nein sagen können				
Delegieren können				
Ordnung halten				
Arbeiten zu Ende führen				
Konsequent arbeiten				
Innovativ sein				
Betroffene beteiligen				
Vordenken				
Positiv denken				
Regeln erarbeiten				
Mitarbeiter motivieren				
Effektive Besprechungen führen				
Perfektion vermeiden				
Techniken nutzen				
Durchschnittswerte				

Gewohnheitenanalyse

Durch die „Gewohnheitenanalyse“ besteht die Möglichkeit, Näheres über die eigenen Verhaltensmuster zu erfahren. Dazu werden die Gewohnheiten im entsprechenden Bereich (negativ - - / - bzw. positiv + / + +) eingeordnet. Alle unspezifischen Antworten sind im Bereich Null markiert. Durch das Verbinden der Kreuze erhält man ein Gewohnheitenprofil, das die Tendenz des persönlichen Arbeitsstils vermittelt. Besonderes Augenmerk sollte jenen Markierungen gelten, die sich im Bereich -- / - befinden. Genauso wie bei der Zeitmanagement-Selbsteinschätzung müssen anschließend Maßnahmen zur Verbesserung des Verhaltens entwickelt werden.

22. Gewohnheitenanalyse

Negatives Verhalten	- -	-	0	+	+ +	**Positives Verhalten**
Fehlende/unklare Zielsetzungen						Konkrete Zielsetzungen
Unzureichende Tagesplanung						Tagesplanung mit Methode
Unfähigkeit zu delegieren						Gute Delegationsfähigkeit vorhanden
Zuviel auf einmal in Angriff nehmen						Einen Vorgang nach dem anderen bearbeiten
Fehlende Prioritäten/ Drang, alles sofort zu erledigen						Klare Prioritätensetzung
Zu wenige Pausen						Ausreichende Pausen
Fehlende Kontrolle bzw. Tages-rückschau						Jeden Abend einen Tagesrück-blick machen
Mangelnde Selbstdisziplin						Hohe Selbstdisziplin
Nicht nein sagen können						Fähigkeit und Mut zum konstruktiven Nein
Konfliktscheu sein						Konfliktbereitschaft
Über alles Bescheid wissen wollen						Den Mitarbeitern in ihrem Aufgaben- bzw. Kompetenz-bereich vertrauen
Angst, Fehler zu machen						Aus Fehlern lernen bzw. Fehler als Chance begreifen

22. Gewohnheitenanalyse *(Forts.)*

Negatives Verhalten	- -	-	0	+	+ +	**Positives Verhalten**
Arbeiten aufschieben						Arbeiten diszipliniert erledigen
Perfektionismus						Konzentration auf rasche Erledigung bzw. Wichtiges
Ungeduld, Hektik, Streß						Ruhe und Gelassenheit
Zu wenige Zeitreserven für Unvorhergesehenes						Ausreichende Zeitreserven eingeplant
Schlechte Arbeitsorganisation						Gut organisierter Arbeitsablauf
Mangelnde Arbeitsvorbereitung						Gut vorbereitete Arbeiten
Unübersichtlicher Arbeitsplatz						Aufgeräumter Arbeitsplatz
Keine Übersicht über noch zu erledigende Aktivitäten						Regelmäßig Aktivitätenliste führen
Unwichtige Unterbrechungen zulassen						Sperrzeiten für wichtige Aufgaben vorsehen
Unrealistische Terminplanung						Realistische Terminplanung

Eigene Anmerkungen

23. Der strategische Stufenplan zur Übergabe

Lfd. Nr.	Wichtige Aktivitäten	Wer/mit wem	Bis wann
1.			
2.			
3.			
4.			
5.			
6.			
7.			
8.			

24. Der persönliche Prioritätenplan zur Übergabe

Aufgaben	Prioritäten (A/B/C)	Ressourcen/ Partner	Schritte zur Realisierung

IV.

Informationsmanagement

25. So verhindern Sie frühzeitige Indiskretion

	ja	teilweise	nein
Mir ist bewußt, daß Informationen Wettbewerbsvorteile bedeuten.			
Ich gebe nur die Informationen heraus, die Dritte zur Analyse und Bewertung eines Tatbestandes benötigen.			
Ich weise alle Gesprächspartner auf die notwendige Vertraulichkeit hin.			
Erst wenn Entscheidungen konkret gefallen sind, kann ich bestimmte Informationen preisgeben.			
Ich versuche, zu allen meinen Partnern ein Vertrauensverhältnis aufzubauen.			
Bestimmte Informationen halte ich grundsätzlich zurück.			
Meine Maxime lautet: Vertrauensvolles und seriöses Arbeiten.			
Grundsätzlich versuche ich, aus Betroffenen Beteiligte zu machen.			
Für mich ist ein Gewinner-Gewinner-Spiel Voraussetzung, um Indiskretionen zu vermeiden			
Wichtige Verschlußsachen sind schriftlich geregelt.			
Mir ist bewußt, daß Informationen Wettbewerbsvorteile bedeuten.			

Eigene Anmerkungen

26. Mein eigenes Motivationsverhalten

- ❏ Habe ich als Führungskraft eine gute Selbst- und Fremdmotivation?
- ❏ Wie nutze ich das Mitarbeiterpotential?
- ❏ Transferiere ich die Unternehmensgrundsätze und Ziele?
- ❏ Schaffe ich Erfolgserlebnisse?
- ❏ Optimiere ich Spielräume für Eigeninitiative?
- ❏ Fördere ich die Qualifikation?
- ❏ Beachte ich die Umfeldbedingungen?
- ❏ Pflege ich die Kultur der kleinen Aufmerksamkeiten?
- ❏ Bin ich mir des Stellenwertes der Selbstmotivation bewußt?
- ❏ Sind die vorhandenen Zeit- und Entgeltsysteme motivationsfördernd?

27. So erhalten und steigern Sie die Motivation Ihrer Mitarbeiter

- ❑ Erkennen, analysieren und beseitigen Sie sämtliche kontraproduktiven Faktoren!
- ❑ Treffen Sie Vereinbarungen bezüglich der Arbeitsleistungen: Fordern statt verführen!
- ❑ Schaffen Sie Bedingungen für eine individuelle Sinnfindung durch das Bereitstellen von befriedigenden Aufgaben!
- ❑ Schaffen Sie Rahmenbedingungen für die Nutzung des Mitarbeiterpotentials!
- ❑ Fordern Sie Ihre Mitarbeiter heraus – nicht überfordern, nicht unterfordern!
- ❑ Verknüpfen Sie die Ziele der Organisation mit den Zielen der Mitarbeiter!
- ❑ Personalentwicklung als Erfolgsfaktor: Fördern Sie, statt zu verwöhnen!
- ❑ Gehen Sie neue Wege der Mitarbeiterauswahl!
- ❑ Verhindern Sie Abteilungs- und Kästchendenken!
- ❑ Betrachten Sie Verbesserungsvorschläge und Kritik als ein wichtiges Instrument zur Identifikation der Mitarbeiter!
- ❑ Bieten Sie flexible Arbeitszeit- und Entgeltmodelle an!
- ❑ Fördern Sie unternehmerisches Denken und Handeln, wo immer es geht!

Eigene Anmerkungen

28. So erhalten und steigern Sie die Kundenbindung

- ❑ Bei jedem Auftrag sollten Sie sich in die Lage des Kunden versetzen: „Wie würde ich mich als Kunde bei dieser Firma mit ihren Leistungen fühlen?"
- ❑ Nehmen Sie jeden umsetzbaren Auftrag an – auch wenn er klein ist. Es könnte zu Folgeaufträgen kommen!
- ❑ Lehnen Sie einen Auftrag, den Ihre Firma nicht ausführen kann – aus welchen Gründen auch immer – sofort klar, eindeutig und höflich ab. Machen Sie dem Kunden keine übertriebenen Hoffnungen.
- ❑ Halten Sie einen Kundentermin stets ein! Wenn er nicht einzuhalten ist, sagen sie rechtzeitig und deutlich ab. Wer Kunden umsonst warten läßt, verliert sie!
- ❑ Speisen Sie Kunden nicht mit fadenscheinigen Ausreden bzw. Aussagen ab, und verkaufen Sie sie nicht für dumm, es ist nur zu Ihrem Schaden!
- ❑ Seien Sie immer aufrichtig zu Ihren Kunden, wenn Sie einmal gemachte Zusagen nicht einhalten können. Das kommt beim Kunden besser an als ein ständiges Vertrösten und unnötiges Lavieren!
- ❑ Nehmen Sie Ihre Kunden ernst. Sie sind keine unmündigen Kinder, die von Ihnen abhängen. Es gibt genügend Mitbewerber, an die sie sich wenden können!
- ❑ Führen Sie alle Arbeiten stets so aus, als wenn Sie jede Arbeit für sich selbst an Ihrem persönlichen Eigentum durchführen würden. Das wird sich auf Ihr Image und auf die Kundenzufriedenheit auswirken!
- ❑ Pflegen Sie die Kultur der Kleinigkeiten!
- ❑ Es genügt nicht, wenn Sie sich an diese Regeln halten. Ihre ganze Firma muß uneingeschränkt dahinterstehen!

Eigene Anmerkungen

29. Von der Kundenbearbeitung zur Kundenbindung

Bearbeitung	Erfüllung		
	ja	teilweise	nein
	3	2	1
1. Wir verfügen über schriftliche Unternehmensgrundsätze.			
2. Unsere Angebotsabgaben erfolgen innerhalb von acht Tagen.			
3. Wir bemühen uns um eine hundertprozentige Termineinhaltung.			
4. Wir sind rund um die Uhr erreichbar.			
5. Reklamationen werden sofort bearbeitet.			
6. Qualitätsgarantie ist selbstverständlich.			
7. Sauberkeitsgarantie ist selbstverständlich.			
8. Preisgarantie ist selbstverständlich.			
9. Wir betrachten es als unsere Pflicht, für organisierte bzw. dokumentierte Abläufe zu sorgen.			
10. Wir garantieren eine transparente Rechnungsstellung.			
Gesamtpunktzahl:			

Eigene Anmerkungen

- -

- -

- -

- -

- -

29. Von der Kundenbearbeitung zur Kundenbindung *(Forts.)*

Beratung	Erfüllung		
	ja	teilweise	nein
	3	2	1
1. Wir haben die Mehrwertargumente schriftlich fixiert.			
2. Alle Mitarbeiter sind in der Lage, unsere Alleinstellungsmerkmale zu vermitteln.			
3. Computergestützte Beratungshilfen sind gewährleistet.			
4. Zielgruppenorientierte Beratung ist für uns selbstverständlich.			
5. Unsere Kunden werden von kompetenten Mitarbeitern bedient.			
6. Unsere Mitarbeiter beraten immer freundlich und kundenorientiert.			
7. Jeder kennt und beachtet die Spielregeln für die Beratung.			
8. Unsere Vorschriften bzw. Richtlinien sind für alle verpflichtend.			
9. Verkaufsförderungsprogramme stehen allen Mitarbeitern offen.			
10. Das Aktivieren neuer Vertriebswege ist uns ein wichtiges Ziel.			
Gesamtpunktzahl:			

Eigene Anmerkungen

29. Von der Kundenbearbeitung zur Kundenbindung *(Forts.)*

Betreuung	**Erfüllung**		
	ja	**teilweise**	**nein**
	3	**2**	**1**
1. Wir besitzen eine aussagefähige Kundendatei.			
2. Ein festgelegtes Kundenbetreuungskonzept hilft den Mitarbeitern.			
3. Zuordnung von Mitarbeitern zu einzelnen Kundengruppen ist die Regel.			
4. Schlüsselkundenbetreuer haben eine zentrale Stellung.			
5. Wir haben eine Maßzahlenvorgabe für die Kundenbetreuung.Wer Kundenzufriedenheit schafft, wird dafür belohnt.			
6. Die Einbindung der Kundenbetreuung in ein flexibles Entgeltsystem ist gewährleistet. Wer Kundenzufriedenheit schafft, wird dafür belohnt.			
7. Wir streben immer persönliche Kontakte an.			
8. Unsere Mitarbeiter nennen und beherzigen unsere Verhaltensempfehlungen bei Neukunden.			
9. Stammkunden genießen eine besondere Betreuung.			
10. Die Pflege der Kultur der Kleinigkeiten ist ein wichtiges Ziel.			
Gesamtpunktzahl:			

Eigene Anmerkungen

- -

- -

- -

29. Von der Kundenbearbeitung zur Kundenbindung *(Forts.)*

Beziehungen	Erfüllung		
	ja	teilweise	nein
	3	2	1
1. Der Wille, der Beste zu sein, treibt uns an.			
2. Wir besitzen fachliche Überlegenheit.			
3. Menschliche Anteilnahme hat bei uns einen hohen Stellenwert.			
4. Kontakte im Sinne eines Gewinner-Gewinner-Spiels auszubauen ist unser Ziel.			
5. Kontakte zu pflegen ist selbstverständlich.			
6. Wir haben eine festgelegte Anzahl von Kundenbeiräten pro Zielgruppe.			
7. Wir haben ein Informationssystem über Innovationen etabliert, um unsere Kunden ständig zu informieren.			
8. Regelmäßiger Informationsaustausch ist oberste Pflicht.			
9. Wir führen regelmäßig Kundenbefragungen durch und analysieren sie.			
10. Alle Mitarbeiter kennen unsere kundenorientierten Grundsätze und Regeln und halten sich daran.			
Gesamtpunktzahl:			

Eigene Anmerkungen

29. Von der Kundenbearbeitung zur Kundenbindung *(Forts.)*

Bindung	Erfüllung		
	ja	teilweise	nein
	3	2	1
1. Unsere Ziele und Strategie stimmen wir gemeinsam mit unseren Kunden ab.			
2. Die langfristige Bindung unserer Kunden an unser Unternehmen ist uns wichtig.			
3. Allianzen und Kooperationen mit Kunden aufbauen – das ist ein zentrales Element des Unternehmens.			
4. Kunden sind die besten Verkäufer, das nutzen wir.			
5. Außergewöhnlichen Nutzen zu stiften ist unser erklärtes Motto.			
6. Der höchste Grad an Kundenorientierung ist unser Ziel.			
7. Der Grundsatz: „Kein alter Kunde darf verlorengehen", ist unser Leitmotiv.			
8. Permanentes Vorausdenken für unsere Kunden ist uns selbstverständlich.			
9. Sehr hohe Austrittsbarrieren für Kunden zeichnen unser Unternehmen aus.			
10. Und auch sehr hohe Eintrittsbarrieren für Mitbewerber charakterisieren unser Unternehmen.			
Gesamtpunktzahl:			

Eigene Anmerkungen

- -

- -

- -

Auswertung der Checkliste zur Realisierung der Kundenorientierung

Schritt 1:

Überprüfen Sie die Anforderungen zu den Phasen

- „Bearbeitung“,
- „Beratung“,
- „Betreuung“,
- „Beziehung“,
- „Bindung“,

in bezug auf Ihr Unternehmen, und ermitteln Sie jeweils die Gesamtpunktzahl.

Schritt 2:

Ziehen Sie den Auswertungsbogen „Ausprägung der fünf Bs“ heran. Markieren Sie in diesem für jede Frage die Anzahl der Antwortpunkte. Sie ersehen dann, wie die fünf Phasen realisiert sind und in welchem Umfang Defizite (Lücken in Form freier Felder) bestehen.

Schritt 3:

Tragen Sie zur Abstimmung einerseits und zur Sensibilisierung andererseits die jeweilige Gesamtpunktzahl der fünf Checklisten in den Auswertungsbogen ein.

Schritt 4:

Bilden Sie ein Team zur Analyse der Schwachstellen und zur Entwicklung von konkreten Vorschlägen. Versuchen Sie dabei, die Phase in deren Reihenfolge (beginnend mit dem Bogen „Bearbeitung“) abzuarbeiten. Setzen Sie die geplanten Aktivitäten möglichst rasch um!

Eigene Anmerkungen

Ausprägung der 5 Bs

	1	2	3	5 Bs	Punkte	Die wichtigsten Aktivitäten (Vorschläge)
1				BEARBEITUNG		
2						
3						
4						
5						
6						
7						
8						
9						
10						
1				BERATUNG		
2						
3						
4						
5						
6						
7						
8						
9						
10						
1				BETREUUNG		
2						
3						
4						
5						
6						
7						
8						
9						
10						

	1	2	3	5 Bs	Punkte	Die wichtigsten Aktivitäten (Vorschläge)
1				BEZIEHUNG		
2						
3						
4						
5						
6						
7						
8						
9						
10						
1				BINDUNG		
2						
3						
4						
5						
6						
7						
8						
9						
10						

Eigene Anmerkungen

30. So erhalten und steigern Sie Ihr Ansehen bei Lieferanten und Banken

- ❑ Auf meine Aussagen kann man sich verlassen.
- ❑ Ich halte sämtliche Abmachungen schriftlich fest und bestätige sie.
- ❑ Mein Auftritt strahlt Überzeugung und Zuverlässigkeit aus.
- ❑ Ich erarbeite mit Lieferanten und Banken ein längerfristiges Strategiepapier.
- ❑ Über Veränderungen in den Rahmenbedingungen informieren wir uns gegenseitig.
- ❑ Wir etablieren gemeinsam Frühwarnsysteme nach dem Motto „Was passiert, wenn ...?"
- ❑ Mit Problemen gehen wir konstruktiv um.
- ❑ Ich versuche, eine positive Denkhaltung zu praktizieren.
- ❑ Wir leben die Kultur der Aufmerksamkeiten.
- ❑ Ich versuche, menschliche Wärme zu zeigen.

Eigene Anmerkungen

V.

Unternehmensanalyse

31. Analyse der Wettbewerbsposition

	Bewertung (0 – 10)	
	Stellenwert	**Realisierung**
1. Geschäftsgrundsätze		
Die Geschäftsgrundsätze sind schriftlich formuliert.		
Die Geschäftsgrundsätze sind allen bekannt.		
Die Geschäftsgrundsätze werden bestmöglich gelebt.		
2. Wettbewerb		
Wir verfügen über eine klare Kundenanalyse.		
Unsere Mitbewerber kennen wir sehr gut.		
Den Bedrohungen vom Markt begegnen wir bestmöglich.		
3. Produkt/Dienstleistung		
Wir kennen die Positionierung unserer Produkte im Markt.		
Unser Angebot ist derzeit optimal.		
Wir tragen dafür Sorge, daß unser Angebot auch morgen kundenorientiert ist.		
4. Strategische Ausrichtung		
Wir verfügen über eine konkrete Strategie.		
Die Mitarbeiter kennen die Strategie.		
Die Kunden schätzen unsere strategische Ausrichtung.		
5. Kooperation/Allianzen		
Mögliche Kooperationen wurden systematisch untersucht.		
Partnerschaften haben für uns einen hohen Stellenwert.		
Wir gehen in den nächsten drei Jahren Partnerschaften ein.		

31. Analyse der Wettbewerbsposition *(Forts.)*

	Bewertung (0 – 10)	
	Stellenwert	**Realisierung**
6. Strategische Umsetzung		
Die Strategie ist nachvollziehbar dokumentiert.		
Unsere Strategie verhilft uns zu Wettbewerbsvorteilen.		
Alle Führungskräfte/Mitarbeiter wissen, welchen Stellenwert unsere Strategie hat.		

Eigene Anmerkungen

Auswertung der Checkliste 31

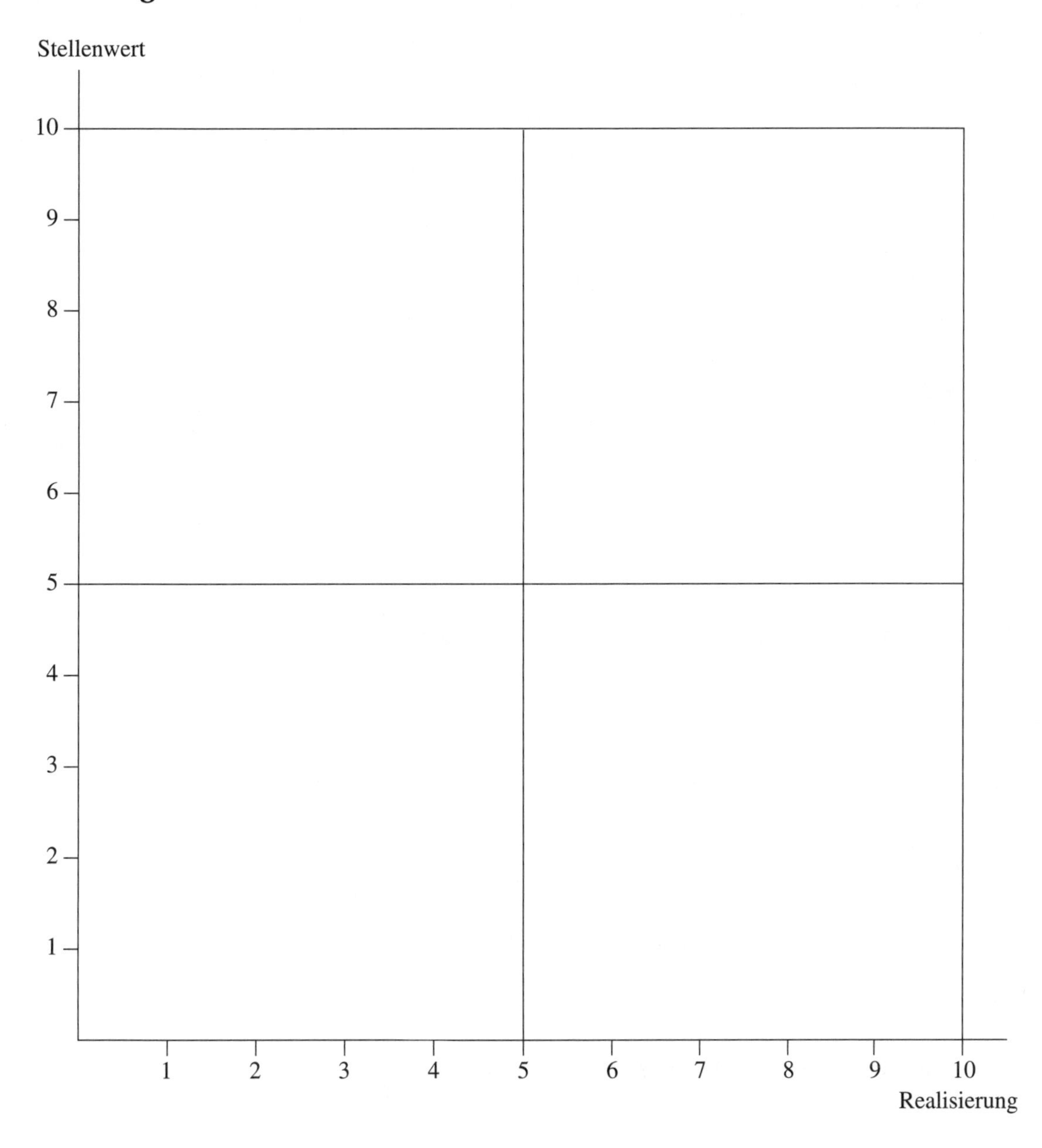

1. Verdeutlichen Sie sich den Sinn dieser Matrix!
2. Positionieren Sie die Antworten aus der Checkliste!
3. Analysieren Sie das Ergebnis!

32. Analyse der Managementqualität

	Bewertung (0 – 10)	
	Stellenwert	Realisierung
1. Unternehmerpersönlichkeit		
Der Unternehmer zeichnet sich durch hohe fachliche Kompetenz aus.		
Die soziale Kompetenz ist gegeben.		
Die unternehmerische Kompetenz ist für alle Mitarbeiter vorbildlich.		
2. Führungsmannschaft		
Die Führungsmannschaft identifiziert sich voll mit dem Unternehmen.		
Die Führungsmannschaft hat Vorbildfunktion für die Mitarbeiter.		
Das Führungsteam arbeitet optimal zusammen.		
3. Generationswechsel		
Die Nachfolge ist bestmöglich geregelt.		
Der Nachfolger hat die besten fachlichen Voraussetzungen.		
Das Chancenmanagement wird durch den Nachfolger systematisch betrieben.		
4. Führungsstil		
Der Führungsstil ist im Grundsatz kooperativ.		
Die Mitarbeiter werden stark eingebunden.		
Die Führungsmannschaft sieht sich verstärkt in der Rolle des Coachs, Moderators und Spielmachers.		

32. Analyse der Managementqualität *(Forts.)*

	Bewertung (0 – 10)	
	Stellenwert	**Realisierung**
5. Betriebsklima		
Es macht Freude, im Unternehmen zu arbeiten.		
Das Wir-Gefühl ist sehr stark ausgeprägt.		
Durch Mitarbeiterbefragungen wird laufend festgestellt, welche Ansätze es zur Verbesserung gibt.		
6. Motivation		
Die meisten Mitarbeiter zeichnet eine hohe Selbstmotivation aus.		
Durch Führungskräfte und Kollegen kommt eine hohe Fremdmotivation zum Tragen.		
Durch Befragungen wird die Bedeutung der einzelnen Motivatoren festgestellt und entsprechend daran gearbeitet.		

Eigene Anmerkungen

Auswertung der Checkliste 32

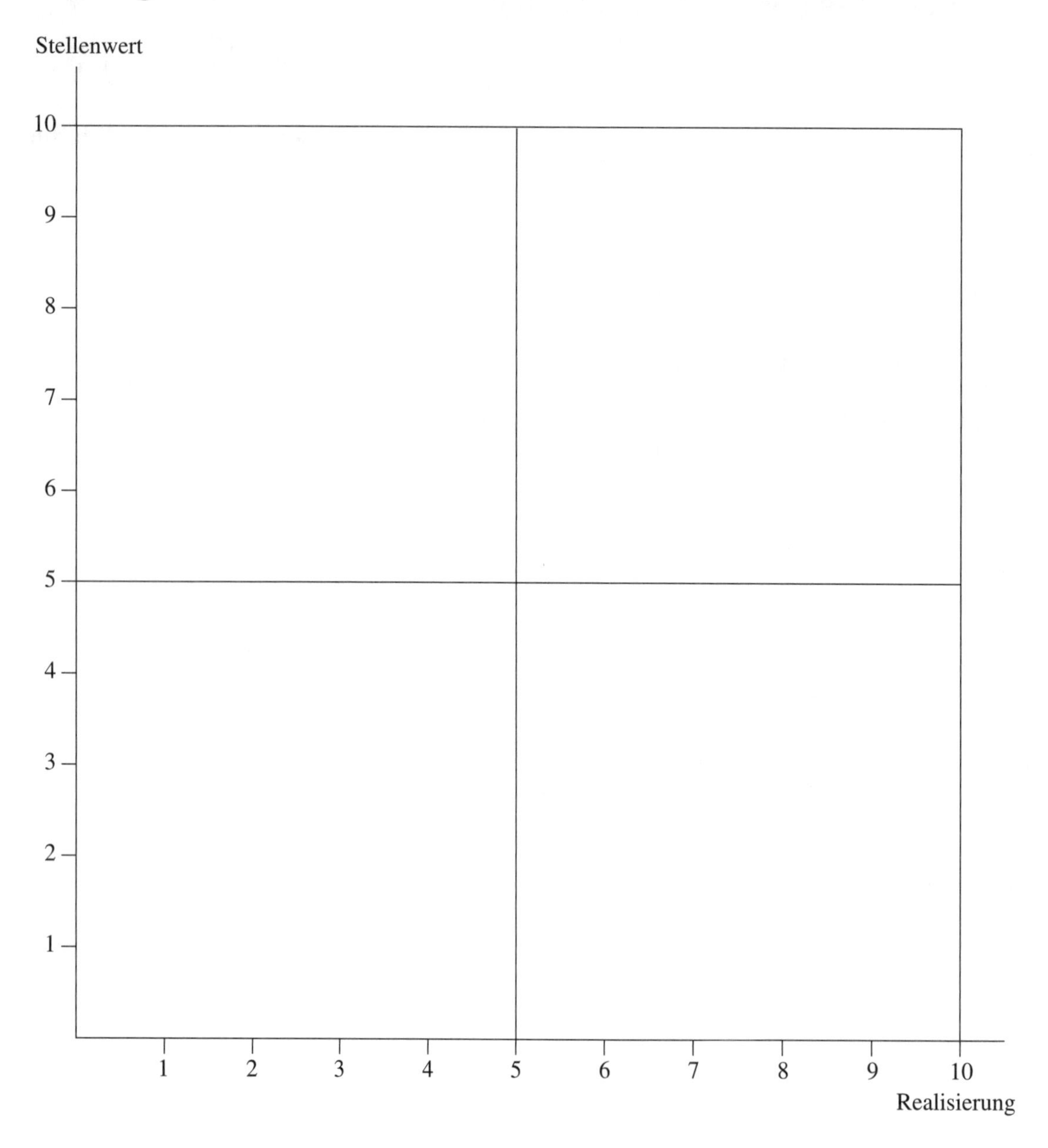

1. Verdeutlichen Sie sich den Sinn dieser Matrix!
2. Positionieren Sie die Antworten aus der Checkliste!
3. Analysieren Sie das Ergebnis!

Interne Wertschöpfung

Das Modell der „internen Wertschöpfung" ist eine gute Möglichkeit zur Verbesserung des Betriebsergebnisses. Es muß allerdings jeweils dem konkreten Unternehmen angepaßt werden. In diesem Sinne müssen die Einflußgrößen firmenspezifisch formuliert werden und besondere Einflußfaktoren entsprechend berücksichtigt werden. Grundsätzlich ist dieses Modell in der Lage, eine für Unternehmensführung und Mitarbeiter effiziente und effektive Umsetzung einer Gewinnverbesserung zu gewährleisten.

Das Modell setzt sich aus fünf Bestandteilen zusammen.

	Umsatz	1
-	Erlösschmälerungen	2
=	Nettoumsatz	
-	Materialaufwand	3
-	Personalkosten	3
-	Gemeinkosten	5
=	Interne Wertschöpfung/Deckungsbeitrag	

Dieser Wert hat nichts mit dem Bilanzgewinn zu tun. Das bedeutet: Je höher der Nettoumsatz und je geringer die Kosten, desto günstiger wirkt sich dies auf die interne Wertschöpfung aus. Entscheidend ist die Tatsache, daß Unternehmen und Mitarbeiter die Erlösschmälerungen, Material-, Personal- und Gemeinkosten beeinflussen können.

Die dem Modell zugrunde gelegten Daten kommen alle aus der Finanzbuchhaltung und sind letzten Endes Bestandteil der Bilanz zum Jahresende. Das heißt, es gibt keine Manipulationen und keine Diskussionen über die Herkunft und Zusammensetzung der Zahlen.

Das Modell kann zum Beispiel auch so ausgerichtet werden, daß der Mitarbeiter dann am Erfolg des Unternehmens partizipiert, wenn die interne Wertschöpfung des laufenden Geschäftsjahres über der des Vorjahres liegt. Um diese Vorgehensweise besser zu verstehen und Hilfestellung für die praktische Anwendung zu erhalten, werden in den folgenden zwei Arbeitsblättern Anregungen zur konkreten Umsetzung gegeben. Wichtig ist, daß sich jeder Mitarbeiter, jedes Team und jede Abteilung mit diesem konkreten Beitrag zur Verbesserung der einzelnen Einflußgrößen auf die interne Wertschöpfung auseinandersetzt.

33. Analyse der internen Wertschöpfung

1. Einflußnahme auf den Bruttoumsatz

Maßnahmen	unser/mein konkreter Beitrag
❑ Bestmögliche Dienstleistung ❑ Lösungen/Pakete für Zielgruppen ❑ Nischenangebote ❑ Optimierung der Prozesse mit Lieferanten ❑ Termineinhaltung ❑ Flexibilität ❑ Schnelligkeit ❑ Aktives Agieren am Markt ❑ Aufträge einholen von Mitarbeitern ❑ Datenbestand auswerten ❑ Öffentlichkeitsarbeit nutzen	

2. Einflußnahme auf die Erlösschmälerungen

Maßnahmen	unser/mein konkreter Beitrag
❑ Vermeidung von Skonti und Rabatten ❑ Vermeidung von Ausbuchungen ❑ Vermeidung von Reklamationen ❑ Vermeidung von Gerichtsprozessen ❑ Vermeidung von unsicheren Angeboten ❑ Beschleunigung der Rechnungsstellung	

3. Einflußnahme auf den Materialaufwand

Maßnahmen	unser/mein konkreter Beitrag
❑ Billiger/preiswerter Materialeinkauf ❑ Übersichtlichkeit im Lager ❑ Sortimentsstraffung ❑ Optimale Bestellmenge ❑ Sinnvolle Verarbeitung von Restmaterial ❑ Verhinderung von Nacharbeit ❑ Pflege der Maschinen und Werkzeuge	

33. Analyse der internen Wertschöpfung *(Forts.)*

4. Einflußnahme auf den Personalaufwand

Maßnahmen	unser/mein konkreter Beitrag
❑ Zeitvorgaben ❑ Pauseneinhaltung ❑ Qualifikationsvoraussetzungen der Mitarbeiter ❑ Geringe Abwesenheitszeiten ❑ Flexibler Mitarbeitereinsatz ❑ Fixkosten ablösen durch variable Kosten ❑ Zeitkonten ❑ Vermeidung von Doppel- und Nacharbeit	

5. Einflußnahme auf die Gemeinkosten

Maßnahmen	unser/mein konkreter Beitrag
❑ Fuhrparkkosten senken ❑ Betriebsstoffe eigenverantwortlich behandeln ❑ Senken der Energiekosten ❑ Senken der Büromaterialkosten ❑ Reduzieren der Telefonkosten ❑ Optimieren der Kosten für Vorgespräche ❑ Verantwortung für konkrete Aufgabenstellung übertragen ❑ Raumkosten (Büro/Lager) reduzieren ❑ Auslastung der Maschinen, Geräte, Gerüste	

Eigene Anmerkungen

34. Analyse der Marketingkompetenz

	ja	teilweise	nein
Führen wir regelmäßig Befragungen durch, aus denen die Bedürfnisse, Erwartungen und der Zufriedenheitsgrad der Kunden hervorgehen?			
Entsprechen unsere Produkte bzw. Dienstleistungen voll den Anforderungen der Kunden?			
Versuchen wir, mit den Kunden und den Kunden unserer Kunden den Gewinner-Gewinner-Ansatz zu realisieren?			
Sind der Kundenservice, die Kundenberatung sowie die sonst für unser Geschäft notwendigen Kriterien exzellent?			
Werden die Ergebnisse der Kundenzufriedenheit systematisch analysiert und Verbesserungsvorschläge rasch umgesetzt?			
Ist unsere Organisation bestmöglich kundenorientiert angelegt?			
Haben die Mitarbeiter in der Rolle der Mitunternehmer höchste Kundenverantwortung?			
Ist der Prozeß von der Bestellung bis zur Auslieferung der Ware bestmöglich computergestützt?			
Sind unsere Kundendaten immer auf dem neuesten Stand?			
Können alle Mitarbeiter den Mehrwert unserer Produkte und Dienstleistungen verkaufen?			

Eigene Anmerkungen

35. Analyse der Zukunftsfähigkeit

- ❑ Wissen wir, welche Bedrohungen von unseren Mitbewerbern ausgehen können?
- ❑ Kennen wir die attraktiven Märkte?
- ❑ Wissen wir, in welchen Marktsegmenten ein Marktwachstum zu erwarten ist?
- ❑ Können wir Lösungen für einzelne Segmente entwickeln, die sich klar von denen der Mitbewerber abgrenzen?
- ❑ Lassen sich angemessene organisatorische und personelle Anpassungsprozesse für die Bearbeitung dieser Segmente in unserem Hause durchführen?
- ❑ Welche unsere Kundengruppen haben konkret welche Bedürfnisse?
- ❑ Welche strategischen Vorteile können in der Zusammenarbeit mit Lieferanten genutzt werden?
- ❑ Welche Gefährdungen gehen von Ersatzprodukten aus?
- ❑ Kennen wir die Chancen unserer Produkte/Dienstleistungen in der Zukunft?
- ❑ Verfügen wir bei allem, was wir tun (auch bei Innovationen) über eine klare strategische Ausrichtung?
- ❑ Welche Chancen ergeben sich für uns aus einer Kunden- und Marktorientierung durch
  - Serviceorientierung?
  - Qualitätsorientierung?
  - Preisorientierung?
  - Marketingorientierung?
  - Prozeßorientierung?
- ❑ Ist unsere finanzielle Situation für die Zukunft gesichert?
- ❑ Haben wir uns über mögliche Allianzen bzw. Kooperationen gute Voraussetzungen für das Überleben in der Zukunft geschaffen?
- ❑ Ist unsere Personalqualifikation wettbewerbsfähig?

Eigene Anmerkungen

- -

- -

Finanzwirtschaft

Das im folgenden beschriebene Verfahren ist bei einer schnellen Analyse außerordentlich hilfreich. Es basiert auf den nachfolgend fixierten Kennzahlen (nach Kralicek).

36. Analyse der Finanzwirtschaft

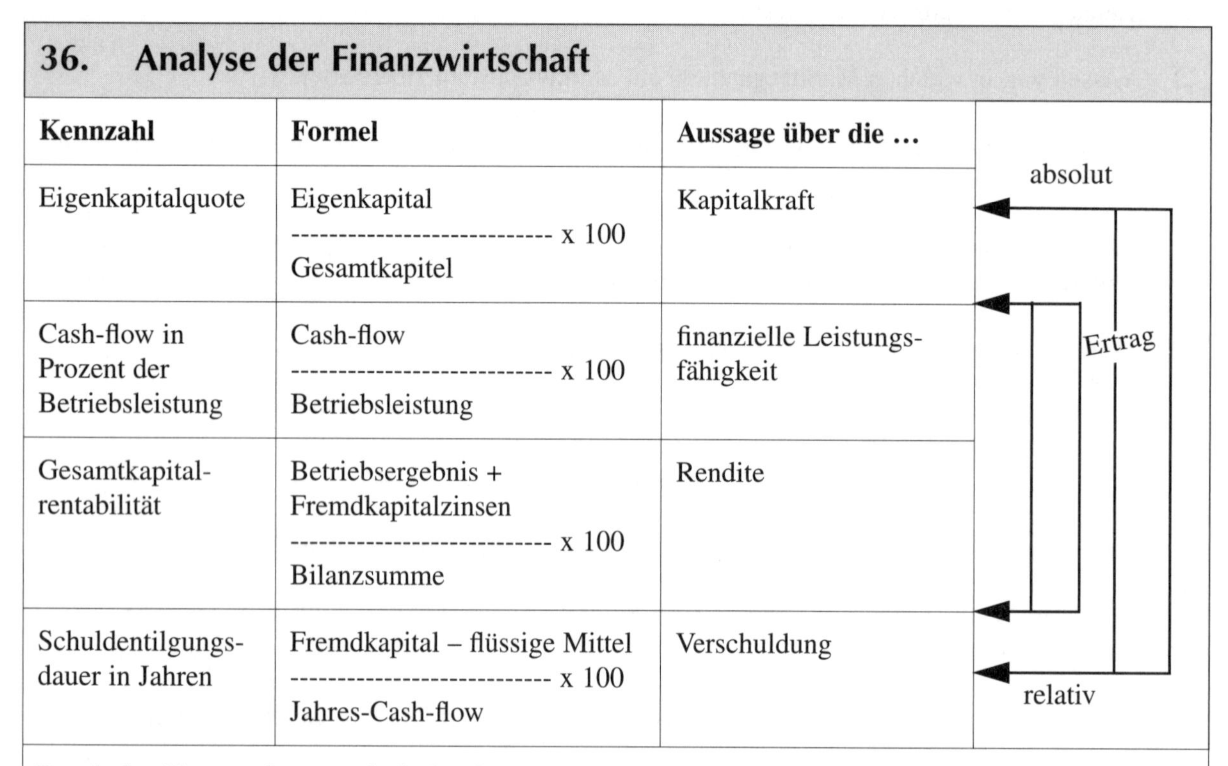

Kennzahl	Formel	Aussage über die ...
Eigenkapitalquote	Eigenkapital --------------------------- x 100 Gesamtkapitel	Kapitalkraft
Cash-flow in Prozent der Betriebsleistung	Cash-flow --------------------------- x 100 Betriebsleistung	finanzielle Leistungsfähigkeit
Gesamtkapitalrentabilität	Betriebsergebnis + Fremdkapitalzinsen --------------------------- x 100 Bilanzsumme	Rendite
Schuldentilgungsdauer in Jahren	Fremdkapital – flüssige Mittel --------------------------- x 100 Jahres-Cash-flow	Verschuldung

Durch den Kurztest kann auch die häufig gestellte Frage: „Hat das untersuchte Unternehmen zu viele Schulden?“ eindeutig beantwortet werden. Des weiteren:

- ❑ Die Eigenkapitalquote gibt darüber Auskunft, ob man absolut (in Geldeinheiten oder in Prozent der Bilanzsumme) zu viele Schulden hat oder nicht.
- ❑ Die Schuldtilgungsdauer informiert, ob das Unternehmen relativ (im Verhältnis zum Jahres-Cash-flow) zu viele Schulden hat oder ein gesundes Verhältnis ausweist.

Für die Beurteilung der Kennzahlen empfiehlt sich die Verwendung der von Kralicek entwickelten Beurteilungsskala. Die fünfteilige Skala ermöglicht es, für jede Kennzahl eine Note zwischen 1 (sehr gut) und 5 (insolvenzgefährdet) zu vergeben.

36. Analyse der Finanzwirtschaft *(Forts.)*

Kennzahl	**Beurteilungsskala (Note)**				
	sehr gut (1)	**gut (2)**	**mittel (3)**	**schlecht (4)**	**insolvenz-gefährdet (5)**
Eigenkapitalquote	> 30 %	> 20 %	> 10 %	< 10 %	negativ
Cash-flow in Prozent der Betriebsleistung	> 10 %	> 8 %	> 5 %	< 5 %	negativ
Gesamtkapitalrentabilität	> 15 %	> 12 %	> 8 %	< 8 %	negativ
Schuldtilgungsdauer	< 3 Jahre	< 5 Jahre	< 12 Jahre	> 12 Jahre	> 30 Jahre

Eigene Anmerkungen

37. Analyse der Altlasten und verdeckten Risiken

Unsere wichtigsten Altlasten

Altlasten	Bedeutung	Maßnahmen
Altlasten	**Bedeutung**	**Maßnahmen**

VI.

Optimieren des Unternehmens

38. Sofortmaßnahmen zu besserer Kundenbindung und höherer Kundenzufriedenheit

- ❑ Wir analysieren erfolgreiche Abschlüsse des Verkaufs in bezug auf innovative Umfelder und Prozesse.
- ❑ Wir versuchen, die Branchenentwicklung auf Innovationsansätze zu überprüfen.
- ❑ Wir erarbeiten die Entscheidungskriterien unserer Kundengruppen.
- ❑ Wir gehen auf die Anforderungen der Kunden ein und versuchen, deren Bedürfnisse zielgruppenorientiert optimal abzudecken.
- ❑ Wir erledigen jede Beschwerde sofort.
- ❑ Wir halten versprochene Termine ein.
- ❑ Wir reagieren schnell und flexibel auf Kundenwünsche.
- ❑ Wir initiieren regelmäßig Innovationssitzungen mit Kunden.
- ❑ Wir denken bei künftigen Aktivitäten nicht nur an unsere Kunden, sondern auch an die Kunden unserer Kunden. Wir sind auch in diesem Bereich besonders innovativ.
- ❑ Man „hört“ unser Lächeln durch das Telefon.

Eigene Anmerkungen

39. Sofortmaßnahmen zu mehr Mitarbeitermotivation

- ❏ Mitarbeiter nehmen bei uns die Rolle von Mitunternehmern ein.
- ❏ Wir bemühen uns um ein gutes Betriebsklima.
- ❏ Wir verdeutlichen bei jeder Gelegenheit, daß Produktivitätssteigerungen künftig nur durch die volle Nutzung des Mitarbeiterpotentials möglich sein werden.
- ❏ Mitarbeiter werden an Entscheidungsprozessen beteiligt.
- ❏ Mitarbeiter erhalten Freiräume.
- ❏ Wir delegieren Verantwortung, wo immer möglich und sinnvoll.
- ❏ Bei uns sind flexible Arbeitszeiten eine Selbstverständlichkeit.
- ❏ Bei uns gibt es flexible Entgeltsysteme.
- ❏ Die Mitarbeiter begreifen unser Unternehmen als eine lernende Organisation, besonders in bezug auf Motivation und Zufriedenheit.
- ❏ Wir führen regelmäßige Mitarbeiterbefragungen durch, um sicherzustellen, daß Führung, Motivation und Betriebsklima optimal sind.

Eigene Anmerkungen

40. Sofortmaßnahmen zur Beseitigung von Altlasten und Ballast

Worin besteht unser konkretes Problem?

⇩

Was wäre, wenn das Problem gelöst würde?

①
②
③

⇩

Worin liegen die Ursachen für das Problem?

URSACHE 1	URSACHE 2	URSACHE 3

⇩

Was sollte sich ändern, damit es zu einer Lösung des Problems kommt?

⇩

Welche Lösungsansätze sehen wir?

41. Sofortmaßnahmen für mehr Zukunftsfähigkeit

	1.	2.	3.
1. Welches sind die wichtigsten Probleme in bezug auf die Sicherung der Zukunftsfähigkeit?			
2. Wie beeinflußbar/gut lösbar sind die Probleme?			
3. Wie dringlich ist die Lösung des Problems?			
4. Welches ist der Nutzen für mich, wenn das Problem gelöst ist?			
5. Welches ist der Nutzen für mein Umfeld, wenn das Problem gelöst ist?			

! Bei dem ersten Kriterium sind in der Rangfolge 1, 2, 3 (das wichtigste Problem zuerst) die Kurzbezeichnungen der Schwierigkeiten einzutragen.
Bei den Kriterien 2 – 5 ist zu klassifizieren nach: n = niedrig; m = mittel; h = hoch.

VII.

Grundmodelle der Unternehmensnachfolge

Beweggründe für die Übergabe Ihres Unternehmens

Wenn Sie wissen, was Sie wollen, finden Sie das geeignete Nachfolgemodell.

Der Titel dieses Buches stellt das Unternehmen in den Mittelpunkt der Betrachtung. Doch die Beweggründe, sich mit der Übergabe eines Unternehmens auseinanderzusetzen, sind vielfältig. Erkennen Sie daher zunächst die Motivation, aus der heraus Sie handeln. Dokumentieren Sie diese Motivation für sich selbst, indem Sie die nachfolgenden Beweggründe mit „weniger wichtig", „wichtig" oder „sehr wichtig" ankreuzen.

42. Ziele bei der Auswahl der Grundmodelle der Unternehmensnachfolge

	weniger wichtig	**wichtig**	**sehr wichtig**
Sie wollen das Vermögen Ihrer Familie erhalten.			
Sie wollen Ihre Familie wirtschaftlich absichern.			
Sie wollen den Familienfrieden sichern.			
Sie wollen Ihr Unternehmen über Ihren Tod hinaus erhalten.			
Sie wollen Ihre Tochter/Ihren Sohn als Nachfolger einsetzen.			
Sie wollen die Inhalte und ideellen Werte Ihres Unternehmens für die Zukunft sichern.			
Sie wollen den Wert Ihres Unternehmens steigern.			
Sie wollen Kasse machen.			

Eigene Anmerkungen

Der Nachfolger aus der Familie

Sie kennen diesen Spruch: „Der Vater erstellt's, der Sohn erhält's, dem Enkel zerfällt's." Und die Statistik gibt dieser Weisheit recht. Denn von hundert Familienunternehmen kommen nur dreißig in die zweite, nur zehn in die dritte und nur noch fünf in die vierte Generation. Die Traditionslösung, einen Nachfolger aus der Familie zu rekrutieren, schafft nicht in erster Linie rechtliche oder steuerliche Probleme, sondern verlangt dauerhafte Lösungen auf allen möglichen zwischenmenschlichen Spannungsfeldern.

Die folgende Checkliste fordert Sie zu einem Gedankenspiel auf: Betrachten Sie Ihr Unternehmen als Produkt und den ausersehenen Nachfolger aus der Familie als Ihren Kunden. Genau an der Stelle in Ihren Gehirnwindungen, an der bisher der Begriff „Kundenorientierung" verankert war, verankern Sie auf diese Weise den Begriff „Nachfolgerorientierung". Starten Sie jetzt mit dem Marketing Ihres neuen Produkts!

43. Nachfolgerorientierung

1. Do-it-yourself-Marktforschung

- ❑ Welche Kundenzielgruppen könnten überhaupt an Ihrem Produkt interessiert sein?
- ❑ Für welchen Kunden hat Ihr Produkt den höchsten Nutzen?
- ❑ Welche Nutzenerwartung hat Ihr Wunschkunde, und wie will er leben und arbeiten?
- ❑ Warum soll sich Ihr Wunschkunde gerade für Ihr Produkt entscheiden? Was ist an diesem Produkt anders und besser als an anderen vergleichbaren Produkten (Lebens- und Arbeitsmodellen)?
- ❑ Wo liegt die Schnittmenge zwischen dem Nutzenversprechen Ihres Produkts und der Nutzenerwartung Ihres Wunschkunden, und wie groß ist diese Schnittmenge?

2. Das Verkaufsgespräch

- ❑ Nennen Sie Argumente, die Sie gegenüber Ihrem Wunschkunden in den Vordergrund Ihrer Nutzenargumentation stellen wollen.
- ❑ Was antworten Sie auf die Einwände Ihres Wunschkunden?

3. Status-quo-Analyse

- ❑ Haben Sie vielleicht für diesen Kunden das falsche Produkt, oder passen einfach Ihr Angebot und die Erwartung dieses Kunden nicht zusammen?
- ❑ Brauchen Sie einen anderen Kunden als Ihren Wunschkunden? Kann dieser andere Kunde aus der gleichen Zielgruppe kommen?
- ❑ Könnten Sie Ihr Produkt so verändern, daß es besser zur Nutzenerwartung des Wunschkunden paßt?

Einsetzung eines Geschäftsführers

Das Familienunternehmen kann ein Familienunternehmen bleiben, auch wenn sich kein geeigneter Nachfolger innerhalb der Familie findet – viele Familienunternehmen werden erfolgreich von Geschäftsführern geführt. Die Familie behält dabei in jedem Fall das Kapital und die Kontrolle in der Hand.

44. Damit es mit dem ersten familienfremden Geschäftsführer klappt

- ❑ Ihre Kapitalbasis und die Ertragskraft Ihres Unternehmens sind stark genug, um eine familienfremde Geschäftsführung einzusetzen. (Der Gewinn darf nicht zu wesentlichen Teilen durch das Geschäftsführergehalt aufgebraucht werden.)
- ❑ Die Gesellschafter Ihres Familienunternehmens sind zwar nicht in der Lage, eine Unternehmerpersönlichkeit für die Nachfolge zu stellen, sie sind jedoch unternehmerisch ambitioniert. (Gesellschafter, die nur an der Maximierung ihres privaten Vermögens interessiert sind, handeln oft kurzfristig und egoistisch.)
- ❑ Die Gesellschafter Ihres Familienunternehmens sind bereit loszulassen. Ihre Firma braucht eine willensstarke, unternehmerisch denkende Geschäftsführerpersönlichkeit – eine Marionette wird den unternehmerischen Aufgaben nie gerecht werden.
- ❑ Sie haben innerhalb der Familie die grundsätzlichen Unternehmensziele definiert.
- ❑ Sie haben verbindlich (und schriftlich!) festgelegt, inwieweit sich die Familie auf ihre kapitalmäßigen Interessen konzentrieren oder Einfluß auf die Unternehmensstrategien nehmen will.
- ❑ Sie haben geklärt, ob es sich bei der Einsetzung eines Fremdgeschäftsführers um eine Interimslösung handeln soll, die nur gültig ist, bis ein geeigneter Manager aus der Familie verfügbar ist, oder eine dauerhafte Managementform.
- ❑ Die Auswahl des Geschäftsführers erfolgt aufgrund seiner fachlichen, unternehmerischen und menschlichen Qualitäten (einzelne Familiengesellschaften dürfen nicht „ihren" Kandidaten durchboxen wollen).
- ❑ Sie können einen stufenweisen und kontrollierten Übergang der Verantwortung auf den ersten familienfremden Geschäftsführer sicherstellen.
- ❑ Sie sind bereit, den „angestellten Unternehmer" mit einer erfolgsabhängigen Entlohnung und/oder einer Beteiligung zu motivieren.

Eigene Anmerkungen

Management-Buy-out/Buy-in

In vielen Familienunternehmen gibt es die berühmten Stützen des Betriebs. Diese hochgradig qualifizierten und motivierten Führungskräfte sind oft auch in der Lage, das Unternehmen weiterzuführen. Sie kennen interne Abläufe und das Umfeld des Marktes. Wenn leitende Mitarbeiter das Unternehmen übernehmen oder als aktive Gesellschafter eintreten, so handelt es sich um ein Management-Buy-out. Kommen die kompetenten Manager von anderen Unternehmen der Branche, spricht man von einem Management-Buy-in.

45. Chancen und Risiken des Management-Buy-out bzw. Management-Buy-in

- ❑ *Chance:* Die Nachfolger aus dem eigenen Unternehmen haben Top-Qualifikation vorzuweisen. Es handelt sich um den Führungsnachwuchs des eigenen Hauses.
  Risiko: Wenn der Führungsnachwuchs stets an der „kurzen Leine" geführt wurde, hat er unternehmerisches Denken und Handeln nicht lernen können.

- ❑ *Chance:* Ein Management-Buy-in kann dem Unternehmen nach innen und außen einen Motivationsschub geben, weil hier Manager, die in der Branche an anderer Stelle bereits mit Leistung überzeugt haben, das Ruder übernehmen.
  Risiko: Es könnte sich um einen getarnten Schachzug von Wettbewerbern handeln.

- ❑ *Chance:* Die Eigenständigkeit des mittelständischen Unternehmens wird gewahrt, sein Name bleibt erhalten.
  Risiko: Die Kontinuität des Unternehmens hängt nun von bisher angestellten Mitarbeitern ab.

- ❑ *Chance:* Wenn sich mehrere bisher angestellte Manager in das Unternehmen einkaufen, wird auch die Finanzierung des Kaufpreises auf mehrere Schultern verteilt.
  Risiko: Die erzielbaren Verkaufspreise sind wegen der Eigenkapitalknappheit der ehemaligen Manager begrenzt. Oft gibt der bisherige Unternehmer noch ein Verkäuferdarlehen.

- ❑ *Chance:* Management-Buy-out oder Management-Buy-in bieten hervorragende Möglichkeiten, über eine stärker erfolgsorientierte Entlohnung aller Mitarbeiter die Motivation im Unternehmen insgesamt zu verbessern.
  Risiko: Der bisherige Kollege und nunmehr neue Chef wird u.U. mit Akzeptanzproblemen konfrontiert.

Eigene Anmerkungen

- -

- -

- -

Vermietung und Verpachtung

Wenn das Eigentum in der Hauptsache erhalten bleiben soll und der Familie laufende monatliche Einnahmen gesichert werden sollen, so empfiehlt sich gerade für kleinere Unternehmen die Betriebsverpachtung oder die Vermietung der Betriebsräume.

46. Chancen und Risiken der Vermietung bzw. Verpachtung

❑ *Chance:* Das Pachten eines Unternehmens bringt für den Pächter nur einen geringen Finanzierungsaufwand d. h. ein vergleichbar geringes unternehmerisches Wagnis.
Risiko: Wenn der Pächter das Unternehmen „herunterwirtschaftet“, ist der Eigentümer nachhaltig geschädigt; der Wert des Unternehmens kann erheblich sinken.

❑ *Chance:* Der Verpächter muß im Gegensatz zur Betriebsaufgabe vorerst die stillen Reserven nicht auflösen und versteuern.
Risiko: Die Finanzämter knüpfen an die Wirksamkeit einer Betriebsverpachtung strenge Voraussetzungen (siehe Checkliste 78 „Worauf es im Pachtvertrag ankommt“).

❑ *Chance:* Die Verpachtung an den Nachfolger aus der Familie kann eine sinnvolle Zwischenlösung bis zur Schenkung oder zum Antritt des Erbes sein.
Risiko: Diese beabsichtigten Erbmodalitäten müssen vertraglich geregelt werden für den Fall, daß der Unternehmer unerwartet stirbt.

❑ *Chance:* Durch den Verkauf von Kleinmaschinen, Fuhrpark und Warenlager und die Verpachtung des Unternehmens bestehen zwischen Verpächter und Pächter klare Fronten.
Risiko: Der Verpächter ist meist nicht bereit, in die Modernisierung des verpachteten Betriebes zu investieren; je teurer der Maschinenpark und je schneller der technologische Wandel der Branche, desto eher ist diese Tatsache von weitreichender Bedeutung.

Eigene Anmerkungen

Der Unternehmensverkauf

Bei mittelständischen Betrieben ist der Verkauf des Unternehmens selten die strategische Option, sondern meist die letzte Alternative. Wer seinen Unternehmerstolz überwindet, kann jedoch seine Unternehmertätigkeit krönen, indem er zur rechten Zeit an den richtigen Partner verkauft.

47. Chancen und Risiken des Unternehmensverkaufs

- ❏ *Chance:* In einer starken Position ist, wer verkaufen will, aber nicht verkaufen muß, sondern es aus freien Stücken tut. Der strategisch geplante und vorbereitete Verkauf kann den Wert des Unternehmens erheblich erhöhen.
  Risiko: Wenn ein Unternehmensverkauf unter Zeitdruck durchgeführt wird, schmälert das den Verkaufspreis erheblich.

- ❏ *Chance:* Der Verkaufspreis (Einmalzahlung vorausgesetzt) ist das sichere Geld des Verkäufers, er ist damit jeglicher künftiger Verantwortung entbunden und unabhängig vom unternehmerischen Geschick des Käufers.
  Risiko: Beim Unternehmensverkauf muß der Verkäufer auch tatsächlich loslassen können; Übergangszeiten, die sich durch einen mehrstufigen Verkauf ergeben können, bremsen möglicherweise die neue Energie des Unternehmens.

- ❏ *Chance:* Der Unternehmensverkauf schafft klare Eigentumsverhältnisse. Streitereien zwischen Unternehmer und Nachfolger werden so vermieden.
  Risiko: Nach dem Unternehmensverkauf gibt es für den Verkäufer kein Zurück mehr.

- ❏ *Chance:* Durch einen Verkauf kann das zu verkaufende Unternehmen neue Impulse erhalten, wodurch das Lebenswerk des Unternehmers erfolgreich weitergeführt werden kann.
  Risiko: Der Käufer ist unter Umständen der hartnäckigste Mitbewerber, der das Unternehmen vorrangig nur schlucken will.

- ❏ *Chance:* Der Unternehmensverkauf an den Nachfolger aus der eigenen Familie kann auch steuerlich interessant sein, insbesondere wenn der Betrieb niedrige Buchwerte aufweist und die Wirtschaftsgüter schnell abschreibbar sind.
  Risiko: Gerade bei einem Verkauf an die eigenen Kinder müssen Verträge eindeutig formuliert und der Kaufpreis tatsächlich bezahlt worden sein. Scheingeschäfte könne böse Folgen haben.

Eigene Anmerkungen

- -

- -

- -

Börsengang

Der Gang an die Börse ist nicht mehr den großen Unternehmen vorbehalten, wohl aber den erfolgreichen. Gerade das Börsensegment „Neuer Markt“ bietet zukunftsfähigen und wachstumsstarken Unternehmen eine Chance, über die Börse zu neuem Eigenkapital zu gelangen.

48. Ist Ihr Unternehmen reif für die Börse?

	trifft zu	**trifft nur teilweise zu**	**trifft nicht zu**
Der Umsatz Ihres Unternehmens liegt im zwei- oder dreistelligen Millionenbereich. (Der Leitwert ist abhängig von der jeweiligen Branche: ein Modeschöpfer kann mit 50 Millionen Umsatz an die Börse, ein Lebensmittelgroßhändler hingegen würde damit verlacht werden.)			
Ihr Unternehmen hat im Branchenvergleich eine gute Rentabilität und verzeichnet ein stetiges Gewinnwachstum.			
Sie haben eine starke Position im Wettbewerb.			
Sie haben eine überzeugende Unternehmensstrategie und ausgeprägte Alleinstellungsmerkmale.			
Ihr Unternehmen hat auf allen Ebenen kompetente Führungskräfte.			
Sie haben transparente Unternehmensstrukturen.			
Ihr Unternehmen betreibt aktiv und bewußt Kommunikation.			
Sie haben ein aussagefähiges betriebliches Rechnungswesen.			

Eigene Anmerkungen

- -

- -

Die Stiftung

Mit der Einrichtung einer Stiftung kann das unternehmerische Lebenswerk Unsterblichkeit erlangen. Die Stiftung bewirkt aber auch, daß nachfolgende Generationen zwar Einkünfte beziehen, aber keinerlei unternehmerischen Gestaltungsspielraum erlangen.

49. Möglichkeiten einer Stiftung

Kreuzen Sie bitte an, welche Faktoren Ihnen bei der Einrichtung einer Stiftung wichtig wären.

Die gemeinnützige Stiftung	
Von einer gemeinnützigen Stiftung spricht man, wenn das unternehmerische Vermögen auf eine Stiftung übergeht, die ausschließlich und unmittelbar gemeinnützigen, mildtätigen oder kirchlichen Zwecken dient.	❑
Die gemeinnützige Stiftung darf den Stifter selbst sowie seine nächsten Angehörigen in angemessener Weise unterhalten. Dafür dürfen allerdings maximal ein Drittel der Einnahmen der Stiftung verwendet werden.	❑
Die gemeinnützige Stiftung wirkt sich positiv auf den Erhalt der Selbständigkeit des Unternehmens aus.	❑
Steuerlich wird die gemeinnützige Stiftung am geringsten belastet; sie ist beispielsweise von der Körperschaft- und Gewerbesteuer befreit. Dies gilt aber nicht für Einkünfte aus einem wirtschaftlichen Geschäftsbetrieb!	❑
Wenn ein Unternehmen auf eine gemeinnützige Stiftung übergeht, muß die gewerbliche Tätigkeit in eine nicht gewerbliche Vermögensverwaltung umgewandelt werden, in der Praxis geschieht dies meist durch die Zwischenschaltung einer GmbH.	❑
Der angemessene Unterhalt, den gemeinnützige Stiftungen an Familienangehörige des Stifters zahlen, unterliegt bei den Empfängern der Einkommenssteuer.	❑
Eine Stiftung ist zwar meist auf ewig angelegt, sie unterliegt jedoch – wie jedes Unternehmen – dem unternehmerischen Risiko und den Unzulänglichkeiten der für sie verantwortlich tätigen Personen.	❑
Die Familienstiftung	
An Stelle des Gemeinwohls stehen bei der Familienstiftung eine oder mehrere Familien im Zentrum des Interesses.	❑
Die Familienstiftung, in deren Eigentum das Unternehmen übergegangen ist, erreicht keine wesentlichen Steuervorteile.	❑

49. Möglichkeiten einer Stiftung *(Forts.)*

Eine Variante der Familienstiftung ist eine „Stiftung & Co. KG", also eine Kommanditgesellschaft, deren Komplementär eine Stiftung ist. Ziel ist dabei meist, dem Unternehmen ein unabhängiges Führungs- und Kontrollgremium zur Seite zu stellen.	❏

Das How-to-do des Stiftungsgeschäfts: Das müssen Sie wissen

- ❏ Unter Stiftungsgeschäft versteht man die Einrichtung einer Stiftung. Hierdurch erhält die Stiftung eine eigene Rechtspersönlichkeit.
- ❏ Das Stiftungsgeschäft bedarf der staatlichen Genehmigung.
- ❏ Die Stiftung unterliegt der staatlichen Stiftungsaufsicht.
- ❏ Die gesetzlichen Grundlagen für Stiftungen werden in Deutschland von Ländergesetzen geregelt, was zu großen Unterschieden bei der Stiftungsgenehmigung führt.
- ❏ Individuelle Hilfestellungen zur Einrichtung einer Stiftung geben Berater bei Banken sowie Rechts-, Steuer- und Unternehmensberater, die sich auf das Gebiet Stiftungen spezialisiert haben.

Eigene Anmerkungen

50. So finden Sie das geeignete Nachfolgemodell

Prüfen Sie, welche Aussagen auf die Situation in Ihrer Familie und Ihrem Unternehmen am ehesten zutreffen:

A. Die Familienlösung

Wenn Sie diesen Aussagen zustimmen, können Sie die Familienlösung bei der Unternehmensnachfolge in Betracht ziehen:

	stimmt	**stimmt nicht**
„Mein Nachfolger im Unternehmen stammt aus meiner Familie. Wenn ich für mein Unternehmen einen Geschäftsführer einstellen würde, würde ich genau die Qualifikationen suchen, die mein Familiennachfolger mitbringt.“		
„Der Familiennachfolger ist fachlich, betriebswirtschaftlich und menschlich zur Übernahme des Unternehmens bestens qualifiziert.“		
„Die Lebensplanung meines Familiennachfolgers sieht die Übernahme des Unternehmens als vorrangiges Ziel vor.“		
„Zur Übertragung aller Kompetenzen auf meinen Familiennachfolger habe ich mindestens zwei Jahre Zeit.“		

B. Die Geschäftsführerlösung

Wenn Sie diesen Aussagen zustimmen, können Sie die Geschäftsführerlösung bei der Unternehmensnachfolge in Betracht ziehen:

	stimmt	**stimmt nicht**
„Es gibt keinen Nachfolger aus der Familie, der qualifiziert und gewillt ist, das Unternehmen zu übernehmen.“		
„Meine Familie ist qualifiziert, Unternehmensziele zu bestimmen und die Kontrolle über das Unternehmen zu behalten.“		
„Das Gehalt, das einem Geschäftsführer zu zahlen ist, verbraucht nur einen geringen Teil des Ertrags meines Unternehmens.“		
„Ich will einen ‚angestellten Unternehmer‘, der ausreichend Freiräume und Motivation zu unternehmerischem Handeln erhalten soll – keinen Hampelmann an der kurzen Leine meiner Familie.“		

50. So finden Sie das geeignete Nachfolgemodell *(Forts.)*

C. Die Management-Buy-out-Lösung

Wenn Sie diesen Aussagen zustimmen, können Sie eine Management-Buy-out-Lösung bei der Unternehmensnachfolge in Betracht ziehen:

	stimmt	stimmt nicht
„Ich habe in meinem Unternehmen eine Führungsmannschaft, die über viele Jahre hinweg unternehmerisch gehandelt hat und die ich mit unternehmerischen Leistungsanreizen motiviert habe. Die verantwortlichen Mitarbeiter meines Unternehmens kennen unternehmerische Verantwortung aus ihrem Alltag."		
„Ich verzichte auf den höchstmöglichen Verkaufserlös für mein Unternehmen, der unter marktstrategischen Aspekten zu erziele wäre."		
„Ich will die Eigenständigkeit meines Unternehmens und die Arbeitsplätze meiner Mitarbeiter erhalten."		
„Ich bin unter Umständen bereit, mit einem Verkäuferdarlehen das unzureichende Eigenkapital des kaufenden Managements auszugleichen."		

D. Die Lösung durch Vermietung und Verpachtung

Wenn Sie diesen Aussagen zustimmen, können Sie eine Lösung durch Vermietung und Verpachtung in Betracht ziehen:

	stimmt	stimmt nicht
„Ein qualifizierter und gewillter Nachfolger aus der Familie ist nicht vorhanden."		
„Mein Betrieb ist meine Alterssicherung; ich will ihn nicht verkaufen, sondern für mich und meine Familie regelmäßige Einkünfte sicherstellen."		
„Mein Unternehmen ist nicht so ertragsstark, daß sich die Einsetzung eines Geschäftsführers lohnen würde."		
„Es besteht die Chance, daß zu einem späteren Zeitpunkt doch ein Nachfolger aus der Familie zur Verfügung steht."		

50. So finden Sie das geeignete Nachfolgemodell *(Forts.)*

	stimmt	stimmt nicht
E. Die unwiderrufliche Lösung: der Unternehmensverkauf		
Wenn Sie diesen Aussagen zustimmen, können Sie die unwiderrufliche Lösung des Unternehmensverkaufs in Betracht ziehen:		
„Ein geeigneter und gewillter Nachfolger aus der Familie ist weder jetzt noch später verfügbar.“		
„Ich habe noch mehrere Jahre Zeit, mein Unternehmen zu optimieren, um dann den besten Verkaufspreis zu erzielen.“		
„Nach dem Verkauf bin ich gerne bereit, völlig ‚loszulassen‘ und mich vollständig aus dem Unternehmen zurückzuziehen.“		
„Ich will meinem unternehmerischen Lebenswerk die Möglichkeiten zu neuem Wachstum erschließen.“		

Eigene Anmerkungen

VIII.

Testament, Erbrecht und Gesellschaftsrecht

Die Nachfolgeregelung

Die Unternehmensnachfolge innerhalb der Familie ist mehrschichtig angelegt. Einerseits geht es um den Übergang der unternehmerischen Verantwortung und andererseits um den Übergang des Vermögens von der einen Generation auf die nächste. Dabei sind Testament, Erbrecht und Gesellschaftsrecht zu berücksichtigen.

51. Kriterien für ein „gerechtes" Testament

❑ **Nichtstun ist auch eine Entscheidung.**

„Das Vermögen bleibt in der Familie!" Auch wenn soviel feststeht, muß der Vermögensübergang auf die nächste Generation geregelt werden. Wer dies nicht tut, trifft damit die Entscheidung für die gesetzliche Erbfolge.

❑ **Die gesetzliche Erbfolge ist für die Unternehmensnachfolge ungeeignet.**

Handelt es sich um mehrere Erben, schließt die gesetzliche Erbfolge aus, daß derjenige Erbe, der die Unternehmensnachfolge antritt, auch entsprechende Handlungsmöglichkeiten erlangt. Dadurch gerät oft das ganze Familienunternehmen in Gefahr, sobald einer der Erben seinen Anteil am Unternehmen abstoßen möchte.

❑ **Es sollte eine vorläufige Nachfolgeregelung getroffen werden.**

Ein Testament muß nicht endgültig sein, sondern kann wie jede Willenserklärung geändert werden. Es gibt also keinen vernünftigen Grund, nicht zumindest eine vorläufige Nachfolgeregelung festzusetzen.
Bedenken Sie: Sie haben Ihr Unternehmen in langen Jahren mühevoll aufgebaut; der Verzicht auf eine Nachfolgeregelung würde das Bestehen Ihres ganzen Lebenswerks gefährden.

❑ **Gerechtigkeit für alle!**

Ein „gerechtes" Testament muß die Existenz des Unternehmens und den Frieden in der Familie gleichermaßen berücksichtigen. Das darf allerdings nicht zur nominalen Gleichverteilung führen, denn unternehmerisches Vermögen unterliegt im Gegensatz zu privatem Vermögen einen gewissen Risiko.

Eigene Anmerkungen

- -

- -

- -

51. Kriterien für ein „gerechtes" Testament *(Forts.)*

❑ **Vergleichen Sie entnahmefähige Gewinne mit Erträgen aus Privatvermögen.**

Bei Ihrer Nachfolgeregelung sind Sie um Erbgerechtigkeit und Familienfrieden bemüht. Hier drei Möglichkeiten, den Faktor „Gerechtigkeit" näher zu bestimmen:

- Ausgehend von Ihrem jetzigen Unternehmensertrag legen Sie die Höhe des entnahmefähigen Gewinns fest. Diesen entnahmefähigen Gewinn können Sie dann in ein Verhältnis zu den Einkünften stellen, welche die Erben aus dem zur Verfügung stehenden privaten Vermögen oder einer eventuellen Minderheitsbeteiligung am Familienunternehmen erlangen können.

! *TIP:* Das Erbe von Personen, die nicht am Familienunternehmen beteiligt werden, sollte nach Möglichkeit aus privatem Vermögen bestehen.

- Außerdem können Sie das Risiko, dem das unternehmerische Vermögen stets unterliegt, mit einem Verrechnungsabschlag von ca. 50 Prozent des Verkehrswerts versehen. Zwei Mark unternehmerisches Vermögen werden also einer Mark privatem Vermögen gegenübergestellt.
- Es kann auch im Testament des erbenden Ehegatten festgeschrieben werden, daß dieser nur an diejenigen Kinder vererbt, die an der Unternehmensnachfolge nicht beteiligt waren. Dies ist vor allem dann zu empfehlen, wenn dem unternehmerischen Vermögen nur wenig privates Vermögen gegenübersteht.

❑ **Damit der Unternehmensnachfolger nicht nur „Kasse macht".**

Diese Vorschläge gehen davon aus, daß der Unternehmensnachfolger tatsächlich das Unternehmen führen und nicht „versilbern" will. Im Sinne der Erbgerechtigkeit sollte in erbvertraglichen Regelungen eine Ausgleichszahlung des „Juniors" vorgesehen sein, wenn dieser das Unternehmen oder seine Mehrheitsbeteiligung vor Ablauf einer bestimmten Frist, zum Beispiel von fünf Jahren, verkaufen will.

❑ **Ein Testament muß rechtzeitig und mit allen gemacht werden.**

Treffen Sie frühzeitig erbvertragliche Regelungen, in die alle Familienmitglieder eingebunden sind. Auch beim Testament verhindert frühzeitige und vollständige Information spätere Streitigkeiten. Ihre Kinder erhalten so Gewißheit darüber, was ihnen beim Tode jedes Elternteils zufällt.

Eigene Anmerkungen

---

51. Kriterien für ein „gerechtes“ Testament *(Forts.)*

❏ **Vorsicht vor dem „Berliner Testament“!**

Viele Unternehmer haben ein sogenanntes „Berliner Testament“. Es sieht vor, daß nach dem Tod des Ehegatten der andere Alleinerbe wird und erst nach dessen Tode die gemeinsamen Kinder zu gleichen Teilen erben. Ein solches Berliner Testament berücksichtigt zwar die Absicherung des Ehepartners, nicht jedoch die Unternehmensnachfolge. Ganz im Gegenteil, es bestehen weitreichende Risiken:

- Der Unternehmensnachfolger (und dies ist meist nicht der überlebende Ehepartner, sondern ein Kind) kann seine Beteiligung am Unternehmen erst mit dem Tode des letztversterbenden Ehepartners erlangen.
- Wenn dann im zweiten Erbgang mehrere Kinder erben, ergibt sich aufgrund der gleichen Erbquoten keine handlungsfähige Mehrheit für den Unternehmensnachfolger.
- Das gesamte unternehmerische und sonstige Vermögen des Unternehmers wird zweimal der Erbschaftsteuer unterworfen, da zunächst der Ehepartner und nach dessen Tod die Kinder das volle Erbvolumen versteuern müssen.
- Selbst wenn er wollte, kann der überlebende Ehegatte das Berliner Testament nicht mehr verändern.

Eigene Anmerkungen

Gesellschaftsvertrag und Testament

Der Gesellschaftsvertrag Ihres Unternehmens setzt den rechtlichen Rahmen, innerhalb dessen Sie eine erbvertragliche Nachfolgeregelung treffen können. Der Gesellschaftsvertrag steht also noch vor dem Testament. Sie sollten daher den Gesellschaftsvertrag im Familienunternehmen von Anfang an so gestalten, daß die qualifizierteste Lösung der Unternehmensnachfolge nicht ausgeschlossen wird.

52. So lösen Sie das Spannungsfeld Gesellschaftsvertrag – Testament

❑ **Gesellschaftsrecht vor Erbrecht**

Bedenken Sie: Die in Gesellschaftsverträgen getroffenen Bestimmungen stehen vor den erbvertraglichen Regelungen. Verstirbt ein Gesellschafter und bestimmt Erben, die laut Gesellschaftsvertrag nicht zur Nachfolge berechtigt sind, dann können diese das Erbe nicht antreten.

❑ **Abfindung statt Erbe**

Berücksichtigen Sie das Risiko bei einem Erbfall, der mit dem Gesellschaftsvertrag nicht vereinbar ist. In einem solchen Fall erhält der Erbe das im Gesellschaftsvertrag festgelegte Abfindungsguthaben. Dies liegt aber meist erheblich unter dem Wert der Beteiligung. In vielen Fällen gilt hier die Buchwertklausel, die zu einer sehr niedrigen Abfindung führt.

❑ **Pflichtteilsanspruch statt Beteiligung**

Wenn sich Erben von Minderheitsbeteiligungen an Familienunternehmen allzu stark benachteiligt fühlen, berufen sie sich häufig auf ihren Pflichtteilanspruch, da ihnen das Bargeld des Pflichtteils attraktiver erscheint als die Rechte an der Minderheitsbeteiligung. Pflichtteilsansprüche müssen nämlich sofort ausbezahlt werden und können nicht an Buchwerten bemessen werden.

❑ **Abfindungsregelungen**

Gesellschaftsverträge können mit folgenden Abfindungsregelungen gestaltet werden:

- Die Abfindung kann mit dem Buchwert oder einem prozentualen Anteil des Vekehrswertes festgeschrieben werden.
- Die Abfindung kann sich an den Ergebnissen der zurückliegenden Jahresabschlüsse orientieren, um durch tatsächlich vorliegende und prüfbare Zahlen Streitigkeiten zu verhindern.
- Die Auszahlung der Abfindung kann auf fünf bis zehn Jahre gestreckt werden. Die Raten sind dann zu verzinsen. Zur Verhinderung von Liquiditätsschwierigkeiten sollte eine weitere Streckung bei Bedarf ermöglicht werden.

Wichtig: Solche Regelungen sind zulässig, solange der Wert der Abfindung nicht deutlich unter der Hälfte des Verkehrswertes der Beteiligung liegt.

52. So lösen Sie das Spannungsfeld Gesellschaftsvertrag – Testament *(Forts.)*

❑ **Ausschluß von Pflichtteil und Zugewinn**

Haben Sie gesellschaftsvertragliche Regelungen getroffen, damit die Beteiligung von Pflichtteilsansprüchen und Zugewinn-Ausgleichsansprüchen freigehalten wird? Eine solche Regelung ist auf jeden Fall empfehlenswert – zum Schutz vor nicht verkraftbaren Liquiditätsabflüssen. Der Gesellschafter muß eine damit konforme Vereinbarung mit seinem Ehegatten treffen.

❑ **Nachfolgeklauseln**

Hier einige Beispiele, mit denen Nachfolgeklauseln gestaltet werden können:

- Die Gesellschaft kann nur mit den Kindern und dem Ehepartner des verstorbenen Gesellschafters fortgesetzt werden.
- Die Gesellschaft kann nur mit den Kindern des verstorbenen Gesellschafters fortgesetzt werden.
- Die Gesellschaft kann nur mit einem Kind oder dem Ehepartner des Gesellschafters fortgesetzt werden. (Wenn man eine Zersplitterung vermeiden möchte)

Eigene Anmerkungen

Pflichtteil und Erbteil

Wenn Kinder im Testament vergessen werden und nur der Ehepartner bedacht wird, oder wenn den Kindern das zugedachte Erbe nicht sehr attraktiv erscheint, wird das Erbe mit dem Pflichtteil verglichen. Der Pflichtteil steht überlebenden Kindern und Ehegatten in jedem Fall zu. Er beträgt die Hälfte des gesetzlichen Erbanspruchs. Und: Der Pflichtteil ist sofort und in bar zu entrichten. Dies kann das Unternehmen vor erhebliche Schwierigkeiten stellen.

53. So lösen Sie das Spannungsfeld Pflichtteil – Erbteil

❑ **Kommunizieren und Akzeptieren**

Treffen Sie eine erbvertragliche Regelung mit allen beteiligten Familienmitgliedern. Die Regelung sollte von allen als gerecht akzeptiert werden. Wenn Sie Ihren künftigen Erben schon heute zusichern können, daß ihre berechtigten Ansprüche und Wünsche, soweit dies eben möglich ist, erfüllt werden, schließen Sie die geschilderte Pflichtteilproblematik und Streit im Erbgang von Anfang an aus.

Vermeiden Sie ein Testament, das Ihre Kinder im ersten Erbgang überhaupt nicht berücksichtigt. Und bedenken Sie: Faire Regelungen lassen sich immer durchsetzen!

❑ **Pflichtteilsansprüche regeln**

Mit Ihren volljährigen Kindern können Sie eine Regelung über deren Pflichteilsansprüche treffen. Mit einer solchen Regelung können Sie sicherstellen, daß die pflichtteilberechtigten Kinder das Unternehmen nicht durch kurzfristige Ansprüche gefährden. Insbesondere sollten Sie einen Pflichtteilsverzicht unter bestimmten Bedingungen vereinbaren. Solche Bedingungen können sein:

- Pflichtteilsverzicht, wenn das Erbe wertmäßig mindestens 25 Prozent höher anzusetzen ist als der Pflichtteil
- Pflichtteilsverzicht, wenn das Erbe mindestens einen festzusetzenden absoluten Betrag oder eine jährliche Verzinsung in einer bestimmten absoluten Mindesthöhe sichert (Klausel zur Inflationssicherung)

❑ **Schenkungen und Pflichtteil**

Schenkungen zu Lebzeiten sind ein geeignetes Mittel, Vermögen ohne oder mit nur geringer steuerlicher Belastung zu übertragen. Sie können bei Schenkungen an Ihre Kinder vereinbaren, daß diese Schenkungen auf etwaige Pflichtteilsansprüche anzurechnen sind. Schenkungen sind also, wie auch die frühzeitige Beteiligung der Kinder am Unternehmen, geeignete Maßnahmen, Pflichtteilsansprüchen zu vermeiden oder zu verringern.

53. So lösen Sie das Spannungsfeld Pflichtteil – Erbteil *(Forts.)*

❏ **Ansprüche gegen die eigenen Erben vermeiden**

Das Vermögen soll in der Familie bleiben (geschiedene Ehepartner gehören bei dieser Betrachtung meist nicht dazu). Dieser Vermögensverbleib in der Familie ist jedoch in Gefahr, wenn das Erbe bei den Kindern nun wiederum in die Bemessungsgrundlage für die Pflichtteilsansprüche von Ehepartnern fällt.

Um dies zu vermeiden, sollten Sie Ihren Kindern auferlegen, selbst eine pflichtteilbeschränkende Regelung mit ihrem Ehepartner zu treffen.

Außerdem können Sie über ein Nachvermächtnis verfügen, durch das die Anteile am Familienunternehmen an die jeweils eigenen Nachkommen vererbt werden.

❏ **Güterstand und Pflichtteilsanspruch**

Leben Sie im richtigen Güterstand? Bei Gütertrennung sind die Pflichtteilsansprüche der Kinder größer als bei Zugewinngemeinschaft. Wenn Sie also in Gütertrennung leben und Pflichtteilsansprüche von Kindern drohen, sollten Sie schon allein aus diesem Grund prüfen, ob Sie den Güterstand in eine modifizierte Zugewinngemeinschaft umwandeln wollen.

Eigene Anmerkungen

Ehevertrag und Versorgung des Ehepartners

Die meisten Unternehmer in Deutschland sind verheiratet und haben im Ehevertrag die Gütertrennung vereinbart. Die Risiken einer Ehescheidung oder eines unerwarteten Todes des Unternehmers sollten daher ebenso frühzeitig bedacht sein wie die Absicherung der Unternehmenskontinuität und die wirtschaftliche Absicherung des Ehepartners.

54. So gestalten Sie den richtigen Unternehmer-Ehevertrag

❑ **Gütertrennung oder modifizierte Zugewinngemeinschaft**

Die Gründe für eine Gütertrennung sind meist sowohl haftungsrechtlicher als auch scheidungsrechtlicher Art: Zum einen soll die Haftung des Ehepartners für die Schulden des unternehmerisch tätigen Ehepartners vermieden werden, und zum anderen sollten im Falle einer Ehescheidung Ansprüche auf Zugewinnausgleich vermieden werden, die im gesetzlichen Güterstand der Zugewinngemeinschaft entstehen.

Bei der modifizierten Zugewinngemeinschaft können Sie hinsichtlich des unternehmerischen Vermögens vielfältige Verfügungen treffen, beispielsweise:

- *Scheidung ohne Zugewinnausgleich:* Sie können für den Fall der Scheidung jeglichen Anspruch auf Zugewinnausgleich ausschließen, im Todesfall jedoch die gesetzlichen Regelungen belassen.
- *Zugewinnausgleich begrenzen:* Sie können den Anspruch auf Zugewinnausgleich auf einen bestimmten Höchstbetrag begrenzen. Dies dient vor allem dem Schutz vor Inflation.
- *Zugewinnausgleich auf Raten:* Sie können verfügen, daß der Zugewinnausgleich nicht zur sofortigen Auszahlung gefordert werden kann, sondern nur in einer bestimmten Anzahl von regelmäßigen Raten zu zahlen ist.
- *Unternehmensvermögen ausklammern:* Sie können das unternehmerische Vermögen sowohl für den Scheidungsfall als auch für den Todesfall aus der Zugewinngemeinschaft herausnehmen. Die vereinbarte Zugewinngemeinschaft bezieht sich dann nur auf das private Vermögen. Dies erhöht zwar die im Erbgang fällige Erbschaftsteuer, reduziert aber die Pflichtteilsansprüche der Kinder.

Eigene Anmerkungen

54. So gestalten Sie den richtigen Unternehmer-Ehevertrag *(Forts.)*

❑ **Versorgung des Ehepartners**

Mit diesen Regelungen sichern Sie die Versorgung des Ehepartners und die Kontinuität Ihres Unternehmens:

- *Absicherung durch privates Vermögen:* Wenn das unternehmerische Vermögen im Betrieb bleiben, aber der Ehepartner für den Todesfall abgesichert werden soll, geschieht dies am besten über privates Vermögen. Dies kann zum Beispiel eine Immobilie sein, die regelmäßige Einkünfte garantiert.
- *Nießbrauch durch eine Unternehmensbeteiligung:* Wenn das unternehmerische Vermögen die Versorgung garantiert, ist eine Güterabwägung unumgänglich: Soll in erster Linie der Ehepartner oder das Fortbestehen des Unternehmens gesichert werden? Ein möglicher Kompromiß liegt in der Einrichtung eines Nießbrauchsrechts an einer bestimmten Beteiligungsquote für den hinterbliebenen Ehepartner. Ein Nießbrauch kann auch den Anspruch auf Erhalt bestimmter Sachleistungen wie die Nutzung von Büroräumen oder ähnliches beinhalten. Eine solche Nießbrauchlösung hat zwei wesentliche Auswirkungen:
  a) Die Einkünfte aus dem Nießbrauchsrecht unterliegen den Ertragsschwankungen des Unternehmens.
  b) Der Unternehmensnachfolger muß bei ausbleibenden Gewinnen keinerlei Unterhalt an den hinterbliebenen Ehepartner leisten.
- *Rentenanspruch gegen den Unternehmensnachfolger:* Unabhängig von der Ertragslage des Unternehmens bietet ein Rentenanspruch dem hinterbliebenen Ehepartner eine sichere Einnahmequelle. Dabei entstehen unterschiedliche steuerliche Belastungen, je nachdem, ob man sich für eine Rente oder eine dauernde Last entscheidet:
  a) Steuerbedingungen bei der Rente: Abhängig vom Alter des Rentenberechtigten errechnet sich der Ertragsanteil, der beim Empfänger steuerpflichtig ist und beim zur Rentenzahlung Verpflichteten steuerlich abgezogen werden kann.
  b) Steuerbedingungen bei der dauernden Last: Die dauernde Last ist in jedem Fall in voller Höhe steuerpflichtig beziehungsweise steuerlich abzugsfähig.

  Weiterhin entscheidend: Die dauernde Last kann geändert werden, wenn sich wesentliche Gegebenheiten geändert haben, beispielsweise wenn die Ertragslage nachhaltig schlechter geworden ist.

Eigene Anmerkungen

55. Die wichtigsten Tips und die schlimmsten Fehler bei Testament, Ehevertrag und Gesellschaftsvertrag

Machen Sie sich noch einmal bewußt, worauf Sie bei einer gelungenen Nachfolgeregelung achten müssen!

❑ **Werden Sie „Unternehmer“ und nicht „Unterlasser“ in Sachen Nachfolgeregelung!**

Wenn Sie keine erbvertraglichen Regelungen treffen und kein Testament verfügen, treffen Sie die Regelung für die gesetzliche Erbfolge. Für Ihr Unternehmen kann dies der Anfang der Handlungsunfähigkeit sein!

❑ **Treffen Sie im Einvernehmen mit allen beteiligten Familienangehörigen faire Erbregelungen!**

Ein Testament, das alle frühzeitig kennen und als gerecht empfinden, verhindert Streit im Erbgang.

❑ **Hüten Sie sich vor einem „Berliner Testament“!**

Wenn zunächst der Ehegatte alles und die Kinder noch nichts erhalten, steht die Unternehmensnachfolge auf dem Spiel. Außerdem droht die steuerliche Doppelbelastung.

❑ **Regeln Sie die Unternehmensnachfolge im Einklang mit dem Gesellschaftsvertrag!**

Eine Unternehmensnachfolge, die der Gesellschaftsvertrag nicht zuläßt, kann erbvertraglich nicht geregelt werden. Aber Sie können frühzeitig Einfluß auf die Gestaltung des Gesellschaftsvertrags nehmen.

❑ **Vermeiden Sie Pflichtteilsansprüche Ihrer Erben!**

Ein faires Testament, die modifizierte Zugewinngemeinschaft oder Schenkungen, die auf Pflichtteilsansprüche angerechnet werden, sind nur drei von einer Vielzahl von Möglichkeiten, mit denen Sie vermeiden, daß Ihr Unternehmen nach Ihrem Tod durch Pflichtteilsansprüche belastet wird.

❑ **Treffen Sie eine Güterabwägung zwischen Absicherung des Ehepartners und Kontinuität des Unternehmens!**

Für Ihr Unternehmen ist es am besten, wenn Sie Ihren Ehepartner mit privatem Vermögen absichern und das unternehmerische Vermögen im Betrieb belassen. Sollen aber doch unternehmerisches Vermögen und/oder Erträge in Anspruch genommen werden, sind Nießbrauch an einer Beteiligung oder ein Rentenanspruch gegen den Unternehmensnachfolger eine gute Möglichkeit.

IX.

Steuersparmodell – vorweggenommene Erbfolge

Die vorweggenommene Erbfolge

Der Kardinalfehler bei der Betriebsübergabe liegt häufig darin, zu spät zu beginnen. Eine Fülle von Argumenten nicht nur steuerlicher Art sprechen für eine möglichst frühzeitige Einbindung des Unternehmensnachfolgers in das operative Management und eine schrittweise Beteiligung am Unternehmen. Doch der vorweggenommenen Erbfolge stehen immer wieder hartnäckige und einschränkende Glaubenssätze von Unternehmern im Weg. Hier nun die häufigsten: Prüfen Sie bitte, ob der eine oder andere auch Ihre Überlegungen bestimmt.

56. Erkennen und beseitigen Sie Ihre negativen Glaubenssätze zur vorweggenommenen Erbfolge

	Habe ich auch schon gedacht	Der Gedanke ist mir fremd
„Ich habe das Unternehmen aufgebaut. Niemand kennt es so gut wie ich. Es wäre gefährlich, das Steuer jetzt schon abzugeben.“ Bei allem Respekt: Die Friedhöfe sind voll von Menschen, die alle geglaubt haben, sie seien nicht zu ersetzen. Die mangelnde Bereitschaft loszulassen verhindert zukunftsfähige Strukturen und schreckt den potentiellen Unternehmensnachfolger ab. Deshalb: Sichern Sie Ihr unternehmerisches Lebenswerk, indem Sie frühzeitig beginnen, Eigentum und Verantwortung zu übertragen.		
„Das Unternehmen bleibt in der Familie. Ich habe das Unternehmen von meinem Vater übernommen, und mein Sohn wird das Unternehmen von mir übernehmen.“ Diese weitverbreitete Haltung ist nicht sehr klug – weder aus Sicht des Unternehmers noch aus Sicht des Vaters. Im Gegenteil, die Mißachtung der autonomen Lebensplanung der Nachkommen ist geradezu schädlich für das Unternehmen. Denn ein Unternehmensnachfolger, der diese Position nie haben wollte, kann das Unternehmen durch Mangel an Kompetenz und Engagement gefährden. Und noch ein Tip: Verabschieden Sie sich vom Patriarchat; nicht selten sind Töchter die besseren Nachfolger – auch in Männerbranchen!		

56. Erkennen und beseitigen Sie Ihre negativen Glaubenssätze zur vorweggenommenen Erbfolge *(Forts.)*

	Habe ich auch schon gedacht	Der Gedanke ist mir fremd
„Als ich das Unternehmen übernommen habe, war ich selbst gerade 50 geworden. Ich kann doch nicht acht Jahre später an die Übergabe denken.“ Das ist der erste Schritt, einen einmal gemachten Fehler für die Ewigkeit zu zementieren. Statt den Fehler zu wiederholen, sollten Sie den Zeitplan für eine strategisch geordnete Übergabe aufstellen. Übrigens: 47,6 Prozent der mittelständischen Unternehmer in Deutschland sind älter als 50 Jahre!		
„Es ist kein Nachfolger für mich in Sicht. Diejenigen, die vielleicht auch einmal als Nachfolger in Frage kommen, wären mit den anstehenden unternehmerischen Aufgaben völlig überfordert!“ So, wie Sie die Dinge gemacht haben, war es gut. Es kann aber auch gut sein, wenn Ihr Nachfolger die Dinge anders macht. Oder haben Sie selbst vielleicht gerade deswegen Erfolg gehabt, weil Sie irgend etwas anders gemacht haben? Und noch ein Tip: Geben Sie dem potentiellen Nachfolger die tatsächliche Verantwortung und damit Motivation, seine unternehmerischen Fähigkeiten unter Beweis zu stellen.		
„Wenn ich mich jetzt schon um meine Nachfolge kümmere, glauben die in der Firma, der Alte habe keine Lust mehr, und werden nachlässig.“ Das Gegenteil ist der Fall. Anlaß zur Beunruhigung geben Sie, wenn Sie die Nachfolgefrage ignorieren. Mit einer strategisch geplanten und sukzessiven Übergabe von unternehmerischer Verantwortung zeigen Sie Zukunftsfähigkeit.		

56. Erkennen und beseitigen Sie Ihre negativen Glaubenssätze zur vorweggenommenen Erbfolge *(Forts.)*

	Habe ich auch schon gedacht	Der Gedanke ist mir fremd
„Wenn ich eine vorweggenommene Erbfolgeregelung treffe, ist der nächste Schritt, daß ich als Senior abgeschoben werde. In jedem Fall besteht die Gefahr, daß der Nachfolger nicht meinen Kurs steuern wird.“ Diese Grundangst ist sicher nicht ganz abwegig. Aber Sie können vorbauen: Bewahren Sie sich ein Rückforderungsrecht, und stellen Sie sicher, daß der Beschenkte auch tatsächlich die Unternehmensnachfolge antritt und aktiv bleibt. Beschränken Sie außerdem das Verkaufsrecht des Beschenkten an der Schenkung.		

Eigene Anmerkungen

57. Unternehmensstrategische, rechtliche und steuerliche Erfolgsfaktoren der vorweggenommenen Erbfolge

Hier die entscheidenden Vorteile einer vorweggenommenen Erbfolge:

❑ **Stimmen Sie mit Ihrem Nachfolger den Zeitplan ab!**

Je mehr Zeit Sie haben, um so besser – desto mehr Steuern sparen Sie! Wenn alles klappt, beginnen Sie so früh wie möglich, in mehreren Stufen Beteiligungen am Unternehmen an Ihren Nachfolger aus der Familie zu verschenken. Wenn Sie ausscheiden, haben Sie Ihr unternehmerisches Lebenswerk mit einer strategisch klugen Übergabe gekrönt.

❑ **Geben Sie Ihrem Unternehmen einen Motivationsschub!**

Durch ein frühzeitiges Einbinden Ihres Nachfolgers in Arbeit, Verantwortung und Eigentum prägen Sie die Kultur Ihres Unternehmens. Ihr Nachfolger wird beweisen wollen, daß seine Potentiale das Unternehmen weiter nach vorne bringen können. Diese Motivation kann sich auf alle Mitarbeiter übertragen und nach außen die Kontinuität und Zukunftsfähigkeit Ihres Unternehmens demonstrieren.

❑ **Nutzen Sie Steuerfreibeträge mehrfach!**

Je früher Sie mit der vorweggenommenen Erbfolge beginnen, desto mehr Steuern sparen Sie. Bei zeitlicher Spreizung der Übergabe können Steuerfreibeträge mehrfach genutzt werden. Beispielsweise können Schenkungsfreibeträge alle zehn Jahre genutzt werden.

❑ **Bestimmen Sie den Zeitpunkt einer eventuellen Schenkungsteuer!**

Den Zeitpunkt der Schenkung und damit den Zeitpunkt der Entrichtung von Schenkungsteuer bestimmen Sie selbst.

❑ **Verhindern Sie mit Schenkungsverträgen spätere Probleme mit Pflichtteilsansprüchen!**

Sie können als Schenker bestimmen, daß die Schenkung auf eventuelle spätere Pflichtteilsansprüche anzurechnen ist. Damit nehmen Sie unwägbare Risiken von Ihrem Unternehmen.

Eigene Anmerkungen

- -

- -

- -

58. Vertragliche Gestaltungsmöglichkeiten zur vorweggenommenen Erbfolge

❏ **Schenkungen von Beteiligungen zeitlich spreizen und in der Familie streuen**

Das Spiel zwischen Ihnen und der nachfolgenden Generation, bei dem beide Seiten gewinnen, heißt: stufenweise Beteiligungen schenken. Das betrifft nicht nur den Nachfolger in der Unternehmerrolle, sondern erstreckt sich sinnvoll auch auf andere Familienmitglieder. Die Vorteile:

- Sie nutzen die Schenkungssteuerfreibeträge;
- Sie vermindern durch den niedrigeren Einkommenssteuersatz Ihrer Kinder die Steuerbelastung der aus der Schenkung stammenden künftigen Gewinne;
- durch die vorweggenommene Übertragung von Gesellschaftsanteilen werden zukünftige Wertsteigerungen der Schenkung hinsichtlich der Schenkungsteuer/Erbschaftsteuer gegenstandslos;
- durch Schenkung von Beteiligungen auch an Familienmitglieder können sich die Betroffenen mit Ihrer Hilfe in ihre Gesellschafterrolle einleben.

❏ **Schenkung mit Vorbehalt des Nießbrauchs**

Bei der Frage, ob Sie das stufenweise Schenken von Beteiligungen unter Nießbrauchsvorbehalt durchführen, ist eine Abwägung zwischen rein steuerlichen Aspekten und der tatsächlichen strategischen Nachfolgeplanung notwendig.

Wenn Sie den Nießbrauchsvorbehalt vereinbaren, dann bleiben in der Regel die Stimmrechte und die Gewinnausschüttungen beim Schenker. Auf den Beschenkten geht lediglich die Vermögenssubstanz über.

Vorteil: Dadurch erreichen Sie ganz sicher einen erheblichen Vorteil hinsichtlich der Erbschaftsteuer beim Übergang des Unternehmens.

Nachteil: Sie erreichen keine tatsächliche Einbindung Ihres Nachfolgers in das Unternehmen, da er außer dem formalen Eigentum keine greifbaren Vorteile hat.

Empfehlung: Vereinbaren Sie einen Quotennießbrauch: Bestimmen Sie eine Quote, zu der Ihr designierter Nachfolger auch die Gewinne und die Stimmberechtigung zu der übertragenen Beteiligung erhält. Sie fördern damit Motivation und unternehmerisches Denken.

Eigene Anmerkungen

- -

- -

58. Vertragliche Gestaltungsmöglichkeiten zur vorweggenommenen Erbfolge *(Forts.)*

❑ **Schenken und trotzdem den Schenkungszweck und die eigenen Rechte sichern**

Sie können bei Schenkungen weitreichende Vereinbarungen treffen, die Ihre Rechte als Schenker sichern. Sie können sich sogar das Recht zum jederzeitigen freien Widerruf der Schenkung vorbehalten. Vertragliche Sicherungen für den Schenker können sein:

Rückforderungsrecht: Sie können sich im Schenkungsvertrag ein Rückforderungsrecht einräumen lassen. Dieses Rückforderungsrecht ist beispielsweise dann sinnvoll, wenn

- der Beschenkte nicht tatsächlich die Unternehmensnachfolge antritt;
- der Beschenkte aus der Geschäftsführung des Unternehmens austritt (unabhängig davon, warum das geschieht).

Sie können jedoch auch aus sonstigen Gründen ein solches Rückforderungsrecht vereinbaren, das etwa gilt, wenn

- der Beschenkte kinderlos verstirbt;
- der Beschenkte die Beteiligung nicht an die eigenen Kinder vererbt.

Bedenken Sie aber, daß Willkür-Klauseln meist dazu anstacheln, sie auf irgendeine Weise zu umgehen. Die Regel war dies bei den sogenannten Wiederverheiratungsklauseln in Testamenten, und sie ist es auch bei Klauseln in Schenkungsverträgen.

Widerrufsrecht: Gänzlich kontraproduktiv dürfte die Einrichtung eines jederzeitigen Rechts auf freien Widerruf der Schenkung sein. Im Sinne der Unternehmensnachfolge wird sich eine solche Schenkung, die gleichzeitig ein Mißtrauen gegenüber dem Beschenkten ausdrückt, als ungeeignet erweisen. Zudem wird solch halbherziges Schenken auch steuerlich bestraft: Die Einkünfte aus einer so geschenkten Beteiligung werden dem Schenker zugerechnet.

Beschränkung der Veräußerungsmöglichkeit: Durchaus verträglich mit der erforderlichen Motivation und Einbindung des Beschenkten in das Unternehmen ist eine Beschränkung der Veräußerungsmöglichkeit der geschenkten Beteiligung. So kann beispielsweise der Verkauf binnen einer bestimmten Frist nach der Schenkung oder der Verkauf an familienfremde Personen verhindert werden.

❑ **Regelungen, die der Beschenkte in seinem Bereich zu treffen hat**

Der Schenkungsvertrag kann dem Beschenkten auferlegen, seinerseits dafür zu sorgen, daß er von güterrechtlichen Ansprüchen oder Pflichtteilsansprüchen frei ist. Der Beschenkte sollte gegebenenfalls mit seinem Ehepartner entsprechende Regelungen zum Güterstand und zum Pflichtteilsrecht treffen. Auch ist es jetzt an der Zeit, daß der Beschenkte – selbst wenn er noch sehr jung sein sollte – seinerseits ein Testament aufsetzt, um die Nachfolge seiner Beteiligung zu regeln.

Steuersparen durch Beteiligung der Kinder

Zur Vermeidung der Scheinbeteiligungen von Kindern hat die Finanzverwaltung Mindestanforderungen für die einkommensteuerliche Anerkennung der Beteiligung von Kindern an Familien-Personengesellschaften aufgestellt. Unproblematisch in dieser Hinsicht sind jedoch Beteiligungen an Kapitalgesellschaften.

59. Voraussetzungen zum Steuersparen durch Beteiligung der Kinder

❏ **Wirksamkeit im Sinne des bürgerlichen Rechts**

Dies ist dann entscheidend, wenn Ihre Kinder noch minderjährig sind: Sie müssen die Kinder, denen Sie Beteiligungen schenken wollen, durch einen Ergänzungspfleger vertreten lassen und unter Umständen auch die Zustimmung des Vormundschaftsgerichts einholen.

❏ **Tatsächlichkeit der Beteiligung**

Sie müssen Ihre Kinder als Kommanditisten in das Handelsregister eintragen lassen. Weiterhin obliegt es Ihnen, für Ihre Kinder eigene Kapitalkonten und Privatkonten im Unternehmen einzurichten und zu führen. Auch müssen Ihre Kinder ordnungsgemäß zu den Gesellschafterversammlungen geladen werden und an der Beschlußfassung mitwirken. Bei Minderjährigen übernehmen dies natürlich die gesetzlichen Vertreter.

❏ **Vergleichbarkeit der Rechte**

Wenn der Schenkungsvertrag Regelungen vorsieht, die eine rein steuerlich motivierte Scheinbeteiligung erkennen lassen, wird die einkommensteuerliche Anerkennung versagt. Dies ist insbesondere dann der Fall, wenn der Schenker sich ein Recht auf freien Widerruf der Schenkung vorbehalten hat oder seine Kinder willkürlich wieder aus der Gesellschaft ausschließen kann. Unschädlich sind jedoch gesellschaftsvertragliche Regelungen, die etwa die Möglichkeit von Gewinnentnahmen beschränken oder auch das Widerspruchsrecht der Kommanditisten einschränken.

❏ **Gewinnbeschränkung**

Eine Willkürvorschrift setzt der Gewinnverteilungsvereinbarung der Gesellschaft Grenzen: Familienmitglieder, die nicht im Unternehmen tätig sind und die ihre Beteiligung per Schenkung erhalten haben, dürfen keine Gewinne erhalten, die langfristig mehr als 15 Prozent des Verkehrswertes des Anteils ausmachen. Bemessungsgrundlage ist dabei der Verkehrswert zum Zeitpunkt der Schenkung. Höhere Gewinne werden hinsichtlich der Einkommensteuer dem schenkenden Unternehmer zugerechnet.

Eigene Anmerkungen

- -

Die Rechtsform des Unternehmens und die Unternehmensübergabe

Die Wahl der Rechtsform des Unternehmens hat erhebliche Auswirkungen auf die Festsetzung der Bemessungsgrundlage der Erbschaftsteuer und die Gewährung von Freibeträgen und Bewertungsabschlägen. Hier eine kurze Übersicht:

60. Die richtige Rechtsform zur Unternehmensübergabe

❑ **Steuerwert bei Einzelunternehmen und Personengesellschaften:**

Hier entspricht der Steuerwert des Unternehmens praktisch dem bilanzierten Eigenkapital (Steuerwert = Einheitswert des Betriebsvermögens).

❑ **Steuerwert bei der GmbH:**

Bei nicht börsennotierten Kapitalgesellschaften werden Anteile am Unternehmen nach dem „Stuttgarter Verfahren“ bewertet.

❑ **Steuerwert von Aktien:**

Bei Anteilen an einer börsennotierten Aktiengesellschaft erfolgt die Bewertung anhand des Börsenkurses vom Schenkungs- beziehungsweise Todestag. In Abhängigkeit von der Höhe der Beteiligung kann hierzu noch ein Paketzuschlag von bis zu 25 Prozent addiert werden.

Ergebnis der Abwägung: Punktsieg für die Personengesellschaft

Bei größeren Unternehmen mit normaler oder guter Ertragslage führt die Bewertung als Kapitalgesellschaft meist zu einem wesentlich höheren Steuerwert; die Personengesellschaft schneidet also insgesamt günstiger ab.

Lediglich bei kleineren, ertragsschwachen Unternehmen kann die Bewertung nach dem Stuttgarter Verfahren zu einem niedrigeren Steuerwert führen.

Allerdings sind die steuerlichen Vergünstigungen für unternehmerisches Vermögen bei Kapitalgesellschaften eingeschränkt, was wiederum für die Personengesellschaft spricht.

Auch der Umstand, daß Anteile von Personengesellschaften auch immer in den Genuß von Freibetrag und Bewertungsabschlag gelangen, spricht gegen die GmbH als Gesellschaftsform zur Unternehmensübergabe.

Letztlich ist auch die zinslose Stundung der Erbschaftsteuer nur bei Personengesellschaften überhaupt möglich.

60. Die richtige Rechtsform zur Unternehmensübergabe *(Forts.)*

!

Fazit!

Wenn in absehbarer Zeit größere Anteile des Unternehmens im Zuge des Erbgangs oder der Schenkung auf die nachfolgende Generation übergehen sollen, kann sich die Umwandlung einer Kapitalgesellschaft in eine Personengesellschaft lohnen. Dies kann ohne Aufdeckung der stillen Reserven vollzogen werden. Es sollte jedoch in jedem Fall individuell errechnet werden, ob sich der Rechtsformwechsel lohnt.

Eigene Anmerkungen

61. Die wichtigsten Steuerspartips bei der familieninternen Unternehmensnachfolge

❑ **Schenken statt vererben**

Je früher Sie beginnen, die Unternehmensnachfolge vorwegzunehmen, um so mehr Steuern sparen Sie. Es bieten sich genügend Möglichkeiten, trotz schrittweisen Übergangs von unternehmerischem Vermögen auch das eigene Sicherheitsbedürfnis zu befriedigen.

❑ **Nutzen Sie Freibeträge mehrfach**

Alle zehn Jahre können Sie den Betriebsvermögensfreibetrag und den persönlichen Freibetrag der Kinder und anderer Angehöriger nutzen. Wenn Sie die Unternehmensübergabe rechtzeitig planen, können Sie so die vorhandenen Freibeträge mehrfach nutzen.

❑ **Wählen Sie die günstigste Gesellschaftsform**

Wenn Ihr Unternehmen ertragreich arbeitet, sollte man vor der Übertragung auf die nachfolgende Generation einen Wechsel von der Kapitalgesellschaft zur Personengesellschaft in Betracht ziehen.

❑ **Schaffen Sie begünstigtes Vermögen**

Sie sind GmbH-Gesellschafter oder Aktionär einer AG und Ihre Beteiligung beträgt zum Zeitpunkt der Schenkung beziehungsweise des Erbfalls 25 Prozent oder weniger. Der Bewertungsabschlag für unternehmerisches Vermögen wird Ihnen dann versagt. Durch Umwandlung in eine GmbH & Co. KG können Sie begünstigtes Vermögen schaffen.

❑ **Nutzen Sie die Besteuerung einer Schenkung unter Nießbrauchsvorbehalt**

Sie schenken Anteile an Ihrem Unternehmen unter Nießbrauchsvorbehalt an Ihre Kinder. Dabei wird die Schenkungsteuer zum Zeitpunkt der Schenkung ohne Berücksichtigung des Nießbrauchs ermittelt. In vielen Fällen führt die Besteuerung einer Schenkung unter Nießbrauchsvorbehalt dazu, daß die gesamte Schenkungsteuer bis zum Tode des Nießbrauchers zinslos gestundet wird.

❑ **Schenken auch an Enkel**

Nutzen Sie auch die schenkungsteuerlichen Freibeträge der Enkel. So kann der Großvater seine Beteiligung direkt an die Enkel übertragen und dabei dem Sohn den Nießbrauch an dieser Beteiligung zukommen lassen.

❑ **Ungewollte Gewinnrealisierung verhindern**

Beim Übergang von unternehmerischem Vermögen können ungewollte Gewinnrealisierungen entstehen. Die Notbremse vor dem Fiasko ist die Ausschlagung des Erbes – dafür haben Sie genau sechs Wochen Zeit.

X.

Der Familiennachfolger

Übergang des familiengeführten Unternehmens

Der Übergang des Familienunternehmens auf die nächste Generation ist in erster Linie von der funktionierenden Kommunikation zwischen den beteiligten Menschen abhängig. Doch wenn die Interessen, Wünsche und Ängste von Senior und Junior, Familienmitgliedern und Mitarbeitern wahrgenommen und berücksichtigt werden, ist die schwierigste Hürde bereits genommen. Vor allem Senior und Junior können sich dabei an einige Leitregeln halten. Prüfen Sie, welche der folgenden Punkte Sie schon bedacht haben und welche noch offen sind.

62. Regeln für den Senior		
	erledigt	**noch offen**
Ohne Scheuklappen den richtigen Unternehmensnachfolger wählen Erkennen Sie so früh wie möglich, welches Mitglied in Ihrer Familie als Unternehmensnachfolger in Frage kommt! Nehmen Sie persönliche Neigungen und die sich entwickelnde Lebensplanung Ihrer Kinder ernst. Lösen Sie sich vom Glauben, Ihre Kinder unternehmerkonform zurechtstutzen zu können. Machen Sie sich frei vom traditionellen Denkschema „vom Vater auf den Sohn“.		
Gemeinsame Ziele und den Weg dorthin vereinbaren Sie haben in Ihrer Familie den gewillten und geeigneten Unternehmensnachfolger gefunden. Gleichen Sie jetzt die lebensplanerischen Ziele Ihres Nachfolgers mit Ihren Plänen zur Unternehmensübergabe ab. Bestimmen Sie, welche Stationen auf dem Weg zum Ziel liegen; vielleicht ist es ein Studienaufenthalt des Juniors im Ausland, vielleicht ist es die Kombination von handwerklicher oder kaufmännischer Ausbildung einerseits und universitärem Studium andererseits.		
Qualifikationen vervollständigen Ihr Unternehmensnachfolger braucht fachliche, betriebswirtschaftliche und soziale Kompetenz. Erkennen Sie seine Stärken und Schwächen. Vereinbaren Sie mit ihm gezielte Maßnahmen zur Vervollständigung dieser Qualifikationen.		
Erbregelung treffen Ihre Nachfolgeplanung kann sich unerwartet ändern. Deshalb sollte Ihr Testament jeweils auf dem neuesten Stand der Nachfolgeplanung sein. Falls Sie in früheren Jahren ein „Berliner Testament“ verfügt haben, nach dem zunächst alles Ihrem Ehepartner und erst im zweiten Erbgang den Kindern zufällt, sollten Sie dieses schnell ändern.		

62. Regeln für den Senior *(Forts.)*

	erledigt	noch offen
Für Fairneß und Akzeptanz in der Familie sorgen Gerechte Erbregelungen werden von den beteiligten Familienmitgliedern in der Regel auch akzeptiert. Fairneß im Testament hält Ihren Unternehmensnachfolger frei von Familienstreit und schwer zu befriedigenden Pflichtteilsansprüchen.		
Handlungsfreiheit für Ihren Nachfolger gestalten Verhindern Sie in Ihrer Erbregelung, daß für den Nachfolger im Unternehmen Pattsituationen oder Minderheitenpositionen entstehen. Ihr Nachfolger soll unternehmerisch handeln können und braucht dazu ausreichende Mehrheiten.		
Nachfolgeplanung mit Nachfolgeklauseln im Gesellschaftsvertrag abgleichen Bedenken Sie: Gesellschaftsrecht steht vor Erbrecht. Sie können nur einen Nachfolger einsetzen, der diese Rolle nach dem Gesellschaftsvertrag auch wahrnehmen darf. Ändern Sie nach Möglichkeit den Gesellschaftsvertrag, wenn er der geplanten Nachfolgeregelung entgegensteht.		
Ehevertrag prüfen Falls Sie Gütertrennung vereinbart haben, kann sich ein Wechsel zu einer modifizierten Zugewinngemeinschaft lohnen.		
Langfristig schenken Die vorweggenommene Erbfolge ist der überlegene Weg, wenn Sie wissen, wer Ihr Unternehmensnachfolger sein soll. Nutzen Sie die schenkungsteuerlichen Freibeträge mehrfach! Binden Sie Ihren Nachfolger frühzeitig mit Rechten und Pflichten in das Unternehmen ein.		
Rechtsform vergleichen Vergleichen Sie, wie sich unterschiedliche Rechtsformen Ihres Unternehmens beim Unternehmensübergang auswirken. Vielleicht lohnt sich ein Wechsel.		
Einkommensteuerliche Auswirkung feststellen Prüfen Sie, welche einkommensteuerlichen Konsequenzen die von Ihnen geplante Regelung für den Nachfolger hat.		
Eigene Lebensplanung für „die Zeit danach“ festlegen. Überlegen Sie sich, wie Sie nach Ihrem Ausscheiden aus dem Unternehmen Ihr eigenes Leben gestalten wollen.		

63. Regeln für den Junior

„Drum prüfe, wer sich ewig bindet“ – dieser Appell gilt bei der Unternehmensübernahme ebenso wie bei der privaten Partnerschaft. Obwohl der Handlungsbedarf bei der Unternehmensnachfolge überwiegend beim Senior liegt, sollten auch Sie als Junior entscheidende Daten prüfen.

	erledigt	**noch offen**
Die richtige Wahl treffen Wollen Sie dieses Unternehmen? Fühlen Sie sich selbst qualifiziert und geeignet für diese Aufgabe? Oder erfüllen Sie bloß familiäre Pflichten, beißen „in den sauren Apfel“ oder sind vielleicht gar „der Hund, der zum Jagen getragen werden muß“? Verhindern Sie eine halbherzige Entscheidung, die Ihnen keine Freude macht und dem Unternehmen nicht nützt. Entscheiden Sie auch nicht aufgrund ausschließlich wirtschaftlicher Erwägungen. Mit Ihrer Entscheidung zur Unternehmensnachfolge bestimmen Sie maßgeblich Ihre persönliche Lebensplanung.		
Die Entscheidung absichern Verlassen Sie sich nicht auf „ungeschriebene Gesetze“. Was der Senior gewollt hat, ist nach einem unerwarteten Tod von geringer Bedeutung; jeder der Erben ist sich dann selbst der Nächste. Bestehen Sie auf einer schriftlichen und verbindlichen Absicherung der geplanten Übernahme. Diese Forderung stellen Sie auch im Interesse der Unternehmenskontinuität.		
Das Unternehmen kennenlernen Auch wenn es vielleicht noch mehr als zehn Jahre dauern wird, bis Sie in das Unternehmen eintreten: Versuchen Sie, das Unternehmen mit seiner Geschichte, seinen Mechanismen, mit den Fähigkeiten und Bedürfnissen seiner Mitarbeiter kennenzulernen. Im Idealfall werden Sie bereits lange vor Ihrem ersten offiziellen Tag zur motivierenden Zukunftshoffnung des Unternehmens.		
Die eigene Rolle definieren Wer sind Sie? Was sind Sie? Wozu sind Sie im Unternehmen da? Kennen Sie selbst die Antworten auf diese drei Fragen? Sind Ihre Antworten auch die des Seniors und der Mitarbeiter im Unternehmen? Bestimmen Sie zusammen mit dem Senior und im zweiten Schritt auch mit leitenden Mitarbeitern des Unternehmens, welche konkreten Kompetenzen Sie in welchem Stadium der Übernahme einnehmen. Auf keinen Fall dürfen Sie als eine Art Geschäftsführungspraktikant im luftleeren Raum herumschwirren.		

63. Regeln für den Junior *(Forts.)*

	erledigt	noch offen
Die Rolle des Seniors definieren Soll der Senior am Tag nach der Übergabe Rosen züchten, oder steht er Ihnen als Berater zur Verfügung? Prüfen Sie, ob eine Mehrphasenlösung durchführbar ist: Zuerst sind Sie Assistent, dann haben Sie mit dem Senior die gemeinsame Geschäftsführung, danach ist der Senior noch als Berater im Unternehmen anwesend, und schließlich verabschiedet sich der Senior vollständig aus dem Unternehmen. Definieren Sie diese Phasen vorab; manche Senioren können nie loslassen, andere tun es zu früh.		
Nachfolge antreten und eigene Nachfolge planen Sobald Sie selbst Anteile am Unternehmen erlangt haben, sollten Sie Ihrerseits über ein Testament oder/und einen Ehevertrag die Kontinuität des Unternehmens sichern.		

Eigene Anmerkungen

Die Qualifizierung zum Unternehmensnachfolger

Das Ziel steht fest; der Weg dorthin ist vorgezeichnet. Prüfen Sie, inwieweit Sie den gestellten Anforderungen gerecht werden. Erkennen Sie, wo Sie dem unternehmerischen Idealbild entsprechen und wo Sie Defizite noch ausgleichen können.

64. Bin ich fit für die Unternehmensübernahme?		
	trifft zu	**trifft weniger zu**
Ich bin körperlich gesund, geistig und emotional belastbar und habe mein Leben geordnet. Ich fühle mich jetzt fit für die Übernahme des Unternehmens. *Bedenken Sie:* Die Übernahme des Unternehmens wird Ihre Zeit und Ihre Energien in hohem Maße in Anspruch nehmen. Wenn Sie gerade einen wichtigen Bereich in Ihrem Leben neu ordnen müssen (Eheschließung, Ehescheidung, Umzug oder ähnliches), ist jetzt vielleicht nicht der richtige Zeitpunkt.		
Ich will Unternehmer sein und genau dieses Unternehmen in die Zukunft führen. *Bedenken Sie:* Nur was Sie überzeugt und aus ganzem Herzen tun, wird Sie wirklich ausfüllen.		
Mein beruflicher Werdegang ist bereits voll auf das Ziel der Übernahme dieses Unternehmens ausgerichtet. *Prüfen Sie:* Welche Erfahrungen (Ausbildung, Auslandsaufenthalte, Trainings, Seminare) brauchen Sie, um Ihrem Unternehmen einmal den höchstmöglichen Nutzen zu bringen?		
Ich habe meine persönlichen und meine unternehmerischen Lebensziele schriftlich definiert – ich weiß genau, wer ich einmal sein will. *Bedenken Sie:* Nur wer seine Ziele festgeschrieben hat, wird sie erreichen. Wer seine Vision hartnäckig verfolgt, entwickelt eine enorme Schubkraft.		

64. Bin ich fit für die Unternehmensübernahme? *(Forts.)*

	trifft zu	**trifft weniger zu**
Ich freue mich darauf, Mitarbeiter zu informieren und zu motivieren. Ich weiß genau, daß ich meinen Mitarbeitern viel geben kann. *Stellen Sie sich diese Vision vor:* Sie sind die natürliche Autorität und der Hoffnungsträger Ihrer Mitarbeiter. Wenn Sie verinnerlicht haben, was Mitarbeiterorientierung ermöglicht, sind Sie bereits der „Unternehmertyp der Zukunft“.		
Ich freue mich darauf, die Wünsche meiner Kunden und die Stärken und Schwächen der Mitbewerber kennenzulernen. Ich will anders und besser sein als die Mitbewerber und die Wünsche meiner Kunden besser erfüllen. *Bedenken Sie:* Sie treten nicht nur in irgendwelche Fußstapfen, sondern Sie dürfen und sollen Ihre eigenen Spuren hinterlassen.		
Ich kenne die Stärken und Schwächen meines zukünftigen Unternehmens. Um Schwachstellen auszugleichen, kann ich auch unbequeme Entscheidungen treffen. *Bedenken Sie:* Ihre Entscheidungen haben Sie in erster Linie am Wohle des Unternehmens auszurichten. Ihre soziale Kompetenz, Ihre Kommunikationsfähigkeit und Ihr Teamgeist müssen mit Hartnäckigkeit und Durchsetzungsvermögen gepaart sein.		
Ich habe vollständigen Einblick in die Daten meines zukünftigen Unternehmens. Ich kann die betriebswirtschaftliche Situation bewerten. ! *Bedenken Sie:* Die Katze im Sack sollten Sie weder kaufen noch geschenkt nehmen. Bestehen Sie als Unternehmensnachfolger frühzeitig auf Einblick in alle Unterlagen. Erörtern Sie die Lage gegebenenfalls mit dem Steuer- oder Rechtsberater.		

Eigene Anmerkungen

- -

- -

65. Der Eintritt des Juniors in das Management

Die Informationsphase

Senior und Junior haben ihre gemeinsamen Ziele und den Weg dorthin definiert. Für beide Partner besteht Übereinstimmung und Sicherheit hinsichtlich des Handelns des anderen. Jetzt geht es darum, den bevorstehenden Übergang des Unternehmens zu vermitteln. Dabei können Sie in dieser Reihenfolge vorgehen:

❏ **Informieren Sie die leitenden Mitarbeiter und externe Berater (Steuer-, Rechtsberater u. a.) Ihres Unternehmens über:**

- Person und Qualifikation des Juniors
- Zeitplan der einzelnen Schritte der Übergabe
- Kompetenzen und Aufgabenbereiche des Juniors
- hierarchische und räumliche Eingliederung des Juniors
- Rolle des Seniors nach der Übergabe
- eventuelle Änderungen der Gesellschaftsform

❏ **Informieren Sie dann im Rahmen einer Betriebsversammlung alle Mitarbeiter Ihres Unternehmens. Stellen Sie dabei besonders heraus:**

- den Nutzen der Übergabe für die Sicherheit der Arbeitsplätze
- die Sicherung der Kontinuität des Unternehmens
- die Steigerung der Wettbewerbsfähigkeit durch langfristige Zukunftsplanung
- „frischer Wind“ durch die nachfolgende Generation

❏ **Informieren Sie die Kunden und Partner Ihres Unternehmens.**

Sie können dies mit einem Kundenrundbrief oder Ihrer Kundenzeitschrift erledigen; oder Sie besuchen zusammen mit Ihrem Nachfolger wichtige Kunden persönlich. Betonen Sie gegenüber den Kunden, welche besonderen Aktivitäten Ihr Nachfolger zu noch mehr Kundenorientierung entwickeln wird.

Eigene Anmerkungen

---

65. Der Eintritt des Juniors in das Management *(Forts.)*

Die Installationsphase

Formulieren sie im Einvernehmen mit Ihrem Nachfolger eine Arbeitsplatzbeschreibung für jede zeitliche Phase, die Sie selbst und der Junior bis zur vollendeten Übergabe absolvieren werden. Geben Sie sich selbst und dem Junior auf diese Weise Vertragssicherheit.

❑ **Definieren Sie insbesondere:**

- die Bezeichnung des Arbeitsplatzes (Titel) des Juniors
- Handlungsvollmachten, Entscheidungsbefugnisse
- Dauer der einzelnen Phasen der Übergabe (Zeitraum der Assistenztätigkeit des Juniors, der gemeinsamen Geschäftsführung, Beginn der alleinigen Geschäftsführung des Juniors)

❑ **Ordnen Sie formale Angelegenheiten:**

- Änderungen im Handelsregister
- Mitteilungen an wichtige Institutionen wie Kammern oder Verbände
- Änderung im Firmennamen
- Neugestaltung des geschäftlichen Erscheinungsbilds (Nennung des Juniors auf dem geschäftlichen Briefpapier, Neugestaltung einer Imagebroschüre, Überarbeitung des Firmenlogos und andere symbolische Akte)

❑ **„Plazieren" Sie den Junior**

Das interessiert alle in Ihrem Unternehmen: Wo sitzt der Junior; wie groß ist sein Büro, wie ist es ausgestattet; was steht an seinem Türschild? Beachten Sie die Möglichkeiten dieser symbolischen Handlungen: Sie sind Teil einer gelungenen Übergabe. Sie demonstrieren damit die Rolle, die der Junior einnehmen will und soll.

Eigene Anmerkungen

66. Der Zeitplan für den Wechsel

So ähnlich kann der zeitliche Ablauf einer langfristig geplanten Übergabe aussehen:

Sofort, wenn nicht schon geschehen:

- ❑ Gestalten Sie Ihr Testament. Achten Sie darauf, daß es sich auch an der Kontinuität des Unternehmens orientiert. Sie treffen eine zumindest vorläufige Nachfolgeplanung und beschließen die wirtschaftliche Absicherung Ihrer Familie.
- ❑ Prüfen Sie Ihren Ehevertrag. Die modifizierte Zugewinngemeinschaft bietet Ihnen die besten Gestaltungsmöglichkeiten, um den Fortbestand Ihres Unternehmens zu sichern.

Mehr als zehn Jahre vor der Übergabe:

- ❑ Suchen Sie in Ihrer Familie (und parallel in Ihrem Unternehmen) nach einem geeigneten Nachfolger. Orientieren Sie sich dabei an der maximalen fachlichen, betriebswirtschaftlichen und sozialen Kompetenz.
- ❑ Starten Sie die vorweggenommene Erbfolge, indem Sie Ihren Familiennachfolger mit stufenweisen Schenkungen von Gesellschaftsanteilen bedenken. Bauen Sie sich in den Schenkungsverträgen Sicherheiten und Nießbrauchsrechte ein.

Mehrere Jahre vor der Übergabe:

- ❑ Vervollständigen Sie systematisch die verschiedenen Qualifikationen Ihres Nachfolgers.
- ❑ Binden Sie ihn schrittweise mit Rechten und Pflichten in das Unternehmen ein.

Etwa ein Jahr vor der Übergabe:

- ❑ Gleichen Sie den Gesellschaftsvertrag mit Ihrer geplanten Nachfolgeregelung ab. Wenn erforderlich, ändern Sie den Gesellschaftsvertrag.
- ❑ Überprüfen Sie die Gesellschaftsform Ihres Unternehmens hinsichtlich der bevorstehenden Übergabe; prüfen Sie, ob sich in Ihrem Fall ein Wechsel lohnt.

Einige Monate vor der Übergabe:

- ❑ Bestimmen Sie im Einvernehmen mit Ihrem Nachfolger, wie die Übergabe ablaufen soll: Wie lange wird Ihr Nachfolger als Assistent der Geschäftsleitung, als gleichberechtigter Geschäftsführer und ab wann als alleiniger Geschäftsführer tätig sein?
- ❑ Teilen Sie die geplante Übergabe Mitarbeitern, Kunden und Partnern Ihres Unternehmens mit. Nutzen Sie in Ihrer Unternehmenskommunikation dabei die Formel „Übergabe = Zukunftsorientierung/Zukunftsfähigkeit".
- ❑ Definieren Sie die hierarchische und räumliche Einordnung Ihres Nachfolgers im Unternehmen.

66. Der Zeitplan für den Wechsel *(Forts.)*

Nach Beginn der ersten Phase der Übernahme/nach dem Eintritt des Nachfolgers in das Unternehmen:

- ❑ Der Junior trifft seinerseits per Testament und Ehevertrag Verfügungen, welche die Kontinuität des Unternehmens sichern.
- ❑ Der Senior überträgt – für die Mitarbeiter des Unternehmens erkennbar – Kompetenzen und Entscheidungen auf seinen Nachfolger.

Bis ca. zwei Jahre nach der ersten Phase der Übernahme:

- ❑ Die Anteile am Unternehmen sind mit allen Rechten und Pflichten auf den Nachfolger übergegangen.
- ❑ Der Senior steht für beratende Aufgaben bereit und ist gegebenenfalls auch noch im Unternehmen regelmäßig präsent.

Nach mehr als zwei Jahren nach der Übergabe:

- ❑ Der Senior hat sein unternehmerisches Wirken abgeschlossen. Bei Bedarf kann er jedoch vom Nachfolger als freier Berater konsultiert werden.

Eigene Anmerkungen

67. Vermeiden Sie Fehler bei der Unternehmensnachfolge innerhalb der Familie *(Forts.)*

❑ **Tatsächliche Ziele von vorgegebenen Zielen unterscheiden**

Seien Sie sich selbst gegenüber ehrlich! Welche Ziele sind Ihnen wirklich wichtig? Wollen Sie Ihr Lebenswerk als Denkmal konservieren, oder erlauben Sie für die Zukunft Ihres Unternehmens lebendige, dynamische Prozesse? Und welches sind die Beweggründe des von Ihnen vorgesehenen Unternehmensnachfolgers aus der Familie? Ist er tatsächlich für dieses Unternehmen qualifiziert und daran interessiert, oder betrachtet er das Unternehmen als „Lebensversicherung"?

❑ **Den objektiv besten Nachfolger suchen**

Die Objektivität und Sorgfalt, die Sie bei der Einstellung eines leitenden Mitarbeiters anwenden, gilt auch bei der Auswahl des bestgeeigneten Nachfolgers. Entscheiden Sie sich nicht aus egoistischen oder emotionalen Gründen für die zweitbeste Lösung. Legen Sie frühzeitig nachvollziehbare Kriterien für die Auswahl des Nachfolgers fest (Alter, persönliche, berufliche, betriebswirtschaftliche und soziale Qualifikationen usw.).

❑ **Den Besten noch besser machen**

Sie haben den besten Nachfolger ausgewählt. Optimieren Sie jetzt seine Qualifikationen auf der Grundlage einer persönlichen Stärken-/Schwächenanalyse.

❑ **Gerechtigkeit in der Familie schaffen**

Mit einer fairen Erbregelung schaffen Sie in der Familie die Akzeptanz für die getroffene Nachfolgeregelung. Das schafft für den Nachfolger den Freiraum zum unternehmerischen Handeln und sichert den Familienfrieden.

❑ **Verträge prüfen und abgleichen**

Sie haben ein Testament, einen Ehevertrag, einen Gesellschaftsvertrag und eine bestimmte Rechtsform für Ihr Unternehmen. Prüfen Sie diese Verträge auf die beabsichtigte Nachfolgeregelung, so daß Ihre Pläne mit den getroffenen vertraglichen Vereinbarungen übereinstimmen.

❑ **Moderation und Beratung einkaufen**

Objektivität ist innerhalb der Familie oft nur ein frommer Wunsch. Mit professioneller Moderation und Beratung bei der Planung und Durchführung der Unternehmensübergabe sichern Sie sich diese Objektivität und verbessern damit die Akzeptanz Ihrer Entscheidung innerhalb der Familie.

67. Vermeiden Sie Fehler bei der Unternehmensnachfolge innerhalb der Familie *(Forts.)*

❑ **Stufenplan zur Übergabe**

Zeit schafft Sicherheit! Bestimmen Sie einen für Senior und Junior verbindlichen Stufenplan. Terminieren Sie, wann welche Verantwortungsbereiche auf den Junior übergehen. Demonstrieren Sie mit einer professionellen Übergabeplanung die Zukunftsfähigkeit Ihrer Person und des Unternehmens gegenüber Ihren Mitarbeiter, Kunden und Geschäftspartnern.

❑ **Das Leben danach planen**

Der Stufenplan zur Übergabe beinhaltet ein sukzessives Loslassen des Seniors. Die letzte Phase im Unternehmen ist die des Beraters, der keinerlei unternehmerische Verantwortung mehr trägt. Spätestens dann sollten die Lebensinhalte des Seniors nach dem endgültigen Ausscheiden aus dem Unternehmen festgelegt sein.

Eigene Anmerkungen

XI.

Management übergeben – Unternehmen behalten

Die Fremdgeschäftsführung

Die Fremdgeschäftsführung des bisher familiengeführten Unternehmens dient nicht nur als „letzter Ausweg“, wenn sich kein geeigneter Nachfolger innerhalb der Familie findet. Vielmehr kann die Entscheidung für das Fremdmanagement der strategisch kluge Einkauf von Zukunftsfähigkeit sein. Viele Familienunternehmen werden seit langer Zeit erfolgreich von familienfremden Geschäftsführern geleitet.

Sie trennen Eigentum und Betriebsführung und gehen für die Zukunft Ihres Unternehmens eine neue Partnerschaft ein. Bestimmen Sie eindeutig, wer dabei welche Rolle zu spielen hat. Die entscheidende Frage lautet: Wieviel Freiheit soll der Geschäftsführer erhalten, und auf welchem Weg soll der Familie wieviel Kontrolle gesichert bleiben? Hüten Sie sich bitte vor dem Kardinalfehler, statt einem unternehmerisch denkenden und handelnden Manager einen willfährigen Hampelmann einzustellen, der nach der Pfeife der Familie tanzt.

Bemerkenswert ist, daß bei der Auswahl eines Fremdgesellschafters alle Unternehmer mit einem Höchstmaß an Sorgfalt vorgehen: keine Qualifikation, die nicht geprüft wird; keine Persönlichkeitsfacette, die verborgen bleibt. Bei der Auswahl des familieninternen Nachfolgers fehlt dies hingegen häufig.

68. Die erstmalige Einsetzung eines Fremdgeschäftsführers

❑ **Familieninternen Konsens schaffen**

Um späteren Streit zu vermeiden, sollte Ihre Entscheidung, einen Fremdgeschäftsführer einzusetzen, von möglichst allen betroffenen Familienmitgliedern mitgetragen werden. Die Familienmitglieder werden schließlich auch künftig Kontrollfunktionen wahrnehmen, die frühzeitig festgelegt werden sollten.

❑ **Rollen verteilen und Kompetenzen definieren**

Vermeiden Sie ein Kräftemessen zwischen Familie und Geschäftsführer einerseits und Geschäftsführer und Mitarbeitern andererseits. Klären Sie vor allem folgende Punkte:

- Ist die Organisation und Aufgabenverteilung in Ihrem Unternehmen auf die Person und Qualifikation des Geschäftsführers abgestellt?
- Welche Rechtsgeschäfte fallen in die Verantwortung des Geschäftsführers?
- Welche Rechtsgeschäfte bedürfen in welcher Form der Zustimmung der Gesellschafter oder des Beirates?
- Welche Informationspflichten hat der Geschäftsführer (Berichtswesen)?
- Welche Informations- und Kontrollrechte haben Gesellschafter/Beirat, und wie dürfen diese Rechte ausgeübt werden?
- Regeln Sie im Gesellschaftsvertrag diese Rechte und Pflichten.

68. Die erstmalige Einsetzung eines Fremdgeschäftsführers *(Forts.)*

❑ **Pro und kontra Beirat?**

Mit einem Beirat, der bei größeren Unternehmen klassischerweise aus Wirtschaftsprüfern besteht, schaffen Sie ein Bindeglied zwischen den Gesellschaftern und der Geschäftsführung. Ein Beirat kann aus Gesellschaftern plus externen Beiräten oder ausschließlich aus gesellschaftsexternen Fachleuten zusammengesetzt sein. Wägen Sie das für und Wider genau ab:

Pro:

- Der Beirat kann Kenntnis- und/oder Erfahrungsdefizite der Gesellschafter ausgleichen.
- Der Beirat kann der Geschäftsführung Anregungen geben und sie beraten.
- Die familienexterne Kontrolle des Unternehmens ist objektiver, weniger emotions- und vergangenheitsbelastet.
- Insbesondere bei stark verschachtelten Eigentumsverhältnissen und/oder sehr vielen Gesellschaftern schafft ein Beirat Entscheidungsfähigkeit.

Kontra:

- Ein Beirat, dessen Beauftragung von der Geschäftsführung abhängig ist, wird sehr schnell Seilschaften mit dieser bilden und könnte die Gesellschafter ausbooten.
- Es besteht die Gefahr der Verselbständigung des Beirats.
- Einem Beirat fehlt meist die Motivation der Geschäftsführung (durch leistungsabhängige Entlohnung, Erfolgsbeteiligung und/oder Unternehmensbeteiligung).
- Der Beirat kann unerwünschte Distanz zwischen den Gesellschaftern und der Geschäftsführung schaffen.

Eigene Anmerkungen

Das Unternehmen und die Gesellschafter

Solange Eigentum und Geschäftsführung weitgehend bei einer Person liegen, sind die Interessen des Unternehmens und die des (Haupt-)Eigentümers identisch. Mit der Einsetzung eines familienfremden Geschäftsführers erfolgt zwangsläufig nicht nur eine Arbeits- und Aufgabenteilung, sondern auch eine Verantwortungsteilung. Die Gefahr dabei ist die unternehmensschädliche Durchsetzung isolierter Eigeninteressen. Doch diese Egoismen können frühzeitig verhindert werden. Grundsätzlich zu empfehlen sind hier die Regelungen, die bereits dargestellt wurden. Die Lösung eines möglichen Spannungsfeldes von Unternehmens- und Gesellschafterinteressen erfordert die Ausarbeitung der verschiedenen Szenarien. Für alle, auch die unwahrscheinlichsten Fälle müssen dann Vorkehrungen getroffen werden.

69. So lösen Sie das Spannungsfeld von Unternehmens- und Gesellschafterinteressen

❑ **Sichern Sie das wirtschaftliche Interesse der Familiengesellschafter am Unternehmen**

Die Einsetzung eines Fremdgeschäftsführers bewirkt bei den Familiengesellschaftern ein weitgehend emotionsloses und stark ertragsorientiertes Verhältnis zum Unternehmen. Sorgen Sie mit gesellschaftsvertraglichen Einschränkungen bei der Gewinnausschüttung dafür, daß „die Kuh nicht zu Tode gemolken wird“. Auf der anderen Seite dürfen Sie die ohnehin schwindende Identifikation der Gesellschafter mit dem Unternehmen nicht zusätzlich schwächen, indem die Gesellschafter kaum noch einen Nutzen am Unternehmen haben. Bestimmen Sie eine Quote, zu der die Gesellschafter an den laufenden Erträgen des Unternehmens teilhaben.

❑ **Verhindern Sie Handlungsunfähigkeit**

Jeder Gesellschafter ist sich selbst am nächsten. Wenn der Gesellschaftsvertrag Sonderrechte für einzelne Gesellschafter vorsieht, besteht die Gefahr, daß diese Rechte irgendwann zu egoistischen und unternehmensschädlichen Aktionen genutzt werden können. Insbesondere Widerspruchsrechte ermöglichen eine Blockadepolitik einzelner Gesellschafter. Die Handlungsfähigkeit des Unternehmens würde ebenso durch mögliche Stimmengleichheit in der Gesellschafterversammlung hervorgerufen.

❑ **Überprüfen Sie die Kündigungsmöglichkeiten**

Wer an der Geschäftsführung nicht mehr beteiligt ist, betrachtet seinen Gesellschafteranteil oft wie ein Aktienpaket, das man bei der Möglichkeit einer Gewinnmitnahme wieder abstößt. Solches Verhalten kann Ihr Unternehmen in ernste Schwierigkeiten bringen. Mit langen Kündigungsfristen verhindern Sie unvorhersehbare Liquiditätsengpässe durch die plötzliche Kündigung von Gesellschaftsanteilen.

Leistungsanreize für die Geschäftsführung

Wo unternehmerische Verantwortung und Eigentum in einer Person vereint sind, braucht für Motivation nicht eigens gesorgt zu werden. Die Trennung von Unternehmer und Eigentümer erfordert aber, daß der familienfremde Gesellschafter hohe Leistungsanreize erhält. Erfahrungsgemäß üben Beteiligungen am Unternehmen starke Anziehungskraft auf Manager aus. Die Alternative dazu ist eine Vergütung mit einem hohen Anteil an erfolgsabhängigen Tantiemen. Aber bedenken Sie auch: Motivation entsteht nicht allein durch materielle Anreize. Sie sollten zulassen, daß der erste familienfremde Gesellschafter eine unzweifelhafte Führungsrolle im Unternehmen einnimmt und nach außen das Unternehmen repräsentiert.

70. Beteiligung am Unternehmen oder erfolgsabhängige Vergütung

Folgendes spricht für eine direkte Beteiligung der Geschäftsführung am Unternehmen:

- ❏ Höchstmögliche Motivation und Identifikation der Geschäftsführung mit dem Unternehmen.
- ❏ Die Beteiligung kann an die Person des Geschäftsführers gebunden, also nicht vererbbar sein.
- ❏ Sie können vorsehen, daß Sie im Fall von Streitigkeiten die Beteiligung zurückholen.

Folgendes spricht gegen eine Beteiligung:

- ❏ Vorsicht bei Personengesellschaften: Wenn der Geschäftsführer auch Gesellschafter geworden ist, kann dessen Gehalt nicht mehr als Betriebsausgabe abgesetzt werden – eine steuerliche Katastrophe!
- ❏ Wenn eine Beteiligung zu einem günstigen Preis an die familienfremde Geschäftsführung abgegeben wird, ist die Differenz zwischen dem Verkehrswert und dem Kaufpreis als geldwerter Vorteil lohn- beziehungsweise einkommensteuerlich zu behandeln.

Tantieme statt Beteiligung

Die Tantieme bringt zwar nicht das Motivationspotential der direkten Beteiligung, hat aber erhebliche steuerliche und praktische Vorteile:

- ❏ Die nach der erstmaligen Einsetzung eines familienfremden Managers ohnehin belasteten Verhältnisse innerhalb des Gesellschafterkreises werden nicht noch zusätzlich kompliziert.
- ❏ Die Tantieme ist ohne Wenn und Aber als Betriebsausgabe abzugsfähig.
- ❏ Die Tantieme kann wie eine direkte Beteiligung wirken, nämlich indem der gewinnabhängige Anteil der Tantieme prozentual (und damit überproportional!) mit steigendem Unternehmensgewinn wächst.

Hinweis: Allerdings kann die Wirkung der Tantieme auch verhindert werden, indem sie nach oben begrenzt wird oder indem sie bei steigenden Unternehmensgewinnen nicht in mindestens gleichem Tempo mitwächst.

70. Beteiligung am Unternehmen oder erfolgsabhängige Vergütung *(Forts.)*

Möglichkeiten, die Geschäftsführung am Erfolg teilhaben zu lassen:

- ❑ Tantieme
- ❑ stille Beteiligung
- ❑ Belegschaftsaktien
- ❑ Genußrechte

Eigene Anmerkungen

71. Die wichtigsten Tips für Inhaber und Fremdmanager beim Unternehmensübergang

- ❑ Schaffen Sie Akzeptanz bei Mitarbeitern, Kunden und Partnern. Alle, die mit dem Unternehmen zusammengewirkt haben, sind in hohem Maße auf die Person des Inhabers ausgerichtet. Einem familienfremden Manager werden u.U. Vorbehalte entgegengebracht.

- ❑ Schaffen Sie Akzeptanz in der Familie. Die Entscheidung zur erstmaligen Einsetzung eines Fremdgeschäftsführers sollte im Konsens mit der Familie beziehungsweise den Gesellschaftern getroffen werden.

- ❑ Sorgen Sie dafür, daß das Handeln der künftigen Gesellschafter kalkulierbar bleibt. Schaffen Sie eine partnerschaftliche Beziehung zwischen Geschäftsführung und Gesellschaftern. Vermeiden Sie viele und zuwiderlaufende Interessen unter den Gesellschaftern. Verhindern Sie sinnlose Egoismen.

- ❑ „Nur erstklassige Gesellschafter ertragen erstklassige Geschäftsführer" – prüfen Sie sich selbst und die Gesellschafter, ob eine eventuelle Überlegenheit ertragen werden kann.

- ❑ Definieren Sie im Gesellschaftsvertrag die Rechte und Pflichten von Geschäftsführung, Gesellschaftern und gegebenenfalls Beirat (wichtig: Berichtswesen).

- ❑ Legen Sie die Kündigungsmöglichkeiten der Gesellschafter mit angemessenen Kündigungsfristen fest.

- ❑ Bestimmen Sie die Gewinnentnahmemöglichkeiten der Gesellschafter: genug für die Gesellschafter, damit Identifikation und Motivation erhalten bleiben, aber vor allem auch ausreichend hoher Gewinn zur Stärkung des Unternehmens.

- ❑ Motivieren Sie die erste familienfremde Geschäftsführung, indem Sie die geeignetste der verschiedenen Beteiligungsformen oder der Tantiemen auswählen. Lassen Sie den Geschäftsführer an steigenden Gewinnen überproportional teilhaben.

- ❑ Geben Sie der Geschäftsführung Handlungsfreiheit und Handlungsfähigkeit. Einmal erteilte Kompetenzen dürfen nicht zur Disposition stehen und von Wohlgefallen abhängig sein. Ihr Unternehmen braucht einen Unternehmer, auch wenn einige Gesellschafter lieber eine Marionette hätten.

- ❑ Lassen Sie der Geschäftsführung ausreichend Zeit, das Unternehmen mit seiner Kultur, seiner Geschichte, seinen ungeschriebenen Gesetzen und Gewohnheiten kennenzulernen.

- ❑ Legen Sie gemeinsam mit der Geschäftsführung einen Stufenplan fest, zu welchen Terminen welche Verantwortungen vom Inhaber auf den Geschäftsführer übergehen.

XII.

Buy-out – das eigene Management übernimmt das Unternehmen

Das Management-Buy-out

Eigentlich ist das Management-Buy-out ein ganz normaler Unternehmensverkauf. Aber es ist letztlich doch etwas anderes, mit den eigenen leitenden Mitarbeitern über den Verkauf des Unternehmens zu verhandeln als mit einem bisherigen Wettbewerber. Schon Ihre Erwägung zu einem Buy-out kann in Ihrem Unternehmen einen gewaltigen Motivationsschub auslösen. Und auch nach draußen gewinnt der Unternehmer, der ein Buy-out plant, an Ansehen: Steht doch eindeutig fest, daß hier der Erhalt des Unternehmens als eigenständige Einheit im Mittelpunkt der Überlegungen steht. Ganz im Gegensatz dazu wird dem Unternehmer, der sein Lebenswerk an Betriebsfremde verkauft, wenig schmeichelhaft unterstellt, „Kasse machen" zu wollen.

Übrigens! Wenn Mitarbeiter aus anderen Unternehmen Ihre Nachfolger werden sollen, handelt es sich um ein Management-Buy-in.

72. Sonderfälle bei den Verkaufsverhandlungen mit dem eigenen Management

Der Loyalitätskonflikt vor dem Buy-out

Der Manager, der bereits auf das Buy-out zusteuert, kann in mehrere Interessenkonflikte geraten.

- Wenn er im Vorfeld des Buy-out noch besondere Leistungen erbringt, kann er den Wert des Unternehmens und damit den Kaufpreis, den er zu zahlen hat, noch steigern. Erbringt er diese Leistung nach dem Buy-out, fließt der Ertrag unmittelbar in seine Tasche.

TIP! Lassen Sie das Buy-out nicht zu lange in der Schwebe, treffen Sie zeitnah Vorverträge, welche die hier dargestellten besonderen Risiken minimieren.

- Um das Buy-out und die erforderliche Finanzierung planen zu können, kann der Manager versucht sein, geheime Unterlagen unerlaubt an Dritte weiterzugeben.

TIP! Regeln Sie mit dem Management offiziell, welche Unterlagen zu welchem Zweck an welche Außenstehenden herausgegeben werden dürfen

Der Käufer kennt Stärken und Schwächen

Ihre eigenen leitenden Mitarbeiter können die Chancen und Risiken Ihres Unternehmens für Gegenwart und Zukunft genau beurteilen. Dieses Wissen auf beiden Seiten hat mehrere Auswirkungen:

- Ein fairer Bewertungsmaßstab für den Preis des Unternehmens wird ermöglicht.
- Die Gewährleistungsansprüche des Käufers sind bei einem Buy-out gerade wegen dieses Wissens nicht immer mit denen eines „normalen" Unternehmensverkaufs identisch.

72. Sonderfälle bei den Verkaufsverhandlungen mit dem eigenen Management *(Forts.)*

TIP! Definieren Sie exakt, welche Kenntnisse über den Zustand des Unternehmens die Vertragspartner beim Vertragsabschluß bereits erlangt hatten. Definieren Sie genauso, welche Gewährleistungsansprüche daher bestehen.

Kapitalmangel des Managements

Ein Buy-out wird in den allerseltensten Fällen mit einer klassischen Finanzierung aus Eigenkapital plus Bankdarlehen realisiert. Durch den wahrscheinlichen Eigenkapitalmangel des Managements wird sich in vielen Fällen die Frage nach einer Kaufpreisstundung oder einer Ratenzahlung des Kaufpreises stellen.

TIP! Mit jeder Stundung oder zeitlichen Spreizung des Kaufpreises bleibt ein Stück des unternehmerischen Risikos beim Verkäufer. Diesem Risiko sollte fairerweise auch die Verzinsung entsprechen.

Eigene Anmerkungen

Finanzierungsmöglichkeiten für das Buy-out

Eine schlüssige Geschäftsidee findet immer auch eine Finanzierung. Aber bei vielen Buy-outs besteht ein Mißverhältnis zwischen vorhandenem Eigenkapital und dem Kapitalbedarf. Ab einem gewissen Volumen des Buy-out ist die klassische Fremdfinanzierung durch Bankdarlehen ein nicht mehr ausreichendes und nur in seltenen Fällen das alleinige Instrument.

73. Vorteile, Nachteile und Tips zu Finanzierungsmöglichkeiten eines Buy-out

❏ **Eigenkapital des Managements**

Besondere Bedeutung beim Buy-out: Die Eigenkapitaldecke des übernehmenden Managements ist dünn. Wenn jedoch das Management sein gesamtes zur Verfügung stehendes Eigenkapital und persönliche Sicherheiten einsetzt, wird Vertrauen für außenstehende Kapitalgeber geschaffen. Das vollständige eigene Engagement ist aus Sicht von externen Investoren der entscheidende Anreiz für den künftigen Geschäftserfolg.

❏ **Eigenkapital von außen**

Wenn das Eigenkapital knapp ist, die Geschäftsidee und die Zukunftsaussichten aber erfolgversprechend sind, können Kapitalbeteiligungsgesellschaften zusätzliches Eigenkapital einbringen.
Vorteil: Die stärkere Eigenkapitaldecke schafft Sicherheit und Vertrauen, verbessert auch die Möglichkeiten und Konditionen bei der klassischen Fremdfinanzierung durch Darlehen.
Nachteil: Kapitalbeteiligungsgesellschaften erwerben durch ein solches Engagement erheblichen Einfluß im Unternehmen, manchmal die kapitalmäßige Mehrheit.

! *TIP!* Sichern Sie ab, daß die Beteiligungsgesellschaft trotz kapitalmäßiger Mehrheit nicht die Stimmenmehrheit im Unternehmen erhält. Schließlich muß der externe Kapitalgeber ein Interesse daran haben, Ihr unternehmerisch verantwortliches Handeln zu fördern. Solche Vereinbarungen zu einem im Vergleich zur finanziellen Beteiligung überproportionalen Stimmrecht sind realistisch und letztlich im beiderseitigen Interesse.

❏ **Öffentliche Förderprogramme**

Nicht jede Finanzierung, die öffentlich gefördert wird, ist letztlich auch günstiger. Manchmal bietet die Bank mehr als die öffentliche Hand. Dennoch: Die Existenzgründungsprogramme (EKH, ERP) können fehlendes Eigenkapital ersetzen und die Finanzierungsbasis stärken.

Eigene Anmerkungen

- -

- -

73. Vorteile, Nachteile und Tips zu Finanzierungsmöglichkeiten eines Buy-out *(Forts.)*

❑ **Stundung des Verkaufspreises, Verkäuferdarlehen**

TIP! Der attraktivste Geldgeber und entscheidende Problemlöser für ein Buy-out ist in vielen Fällen der bisherige Inhaber! Machen Sie als buy-out-williger Manager einen Gedankenausflug in die Wünsche und Absichten des Altunternehmers:

- Welche Ziele sind ihm wirklich wichtig (Erhalt des Unternehmens als selbständige Einheit, Erhalt des Namens, Erhalt der Arbeitsplätze, Sicherung seines gesellschaftlichen Ansehens)?
- Bis zu welchem Punkt könnte er bereit sein, auf die Maximierung des Verkaufserlöses zu verzichten?
- Welchen Nutzen können Sie dem bisherigen Eigentümer nach dem Buy-out geben? Denken Sie hier insbesondere an den sozialen Nutzen, also an prestige- und imageträchtige Aufgaben. Beispiele hierfür sind: Namensgeber für eine Stiftung, Vorsitzender eines Beirats.

Möglichkeiten:
- Gesichertes oder ungesichertes Darlehen des bisherigen Eigentümers
- Ratenzahlung des Übernahmepreises
- Stundung des gesamten Übernahmepreises gegen Gewinnbeteiligung

Vorteile: Vorteile aus einer Finanzierungshilfe durch den bisherigen Eigentümer ergeben sich zumeist für das übernehmende Management. Es sind dies insbesondere

- gewinnabhängige, niedrige oder keine Finanzierungskosten,
- Sicherheit ist teilweise emotional begründet und muß nicht „banküblich" erfolgen,
- gewachsenes gegenseitiges Vertrauensverhältnis („Wenn's eng wird, kann man reden").

Nachteile:
- Der bisherige Eigentümer, der hier als Kapitalgeber auftritt, wird nicht aus dem unternehmerischen Risiko entlassen.
- Das übernehmende Management muß entsprechend dem kapitalmäßigen Engagement ein gewisses Maß an Einmischung des bisherigen Eigentümers akzeptieren.

❑ **Klassische Fremdfinanzierung**

Die Finanzierungsmöglichkeiten eines Buy-out über Darlehen orientieren sich am eingesetzten Eigenkapital und dem zu erwartenden Gewinn.

TIP! Wenn die Eigenkapitaldecke ungenügend ist und der zu erwartende Gewinn beispielsweise wegen anstehender Investitionen ebenfalls geschmälert ist, können Sie Ihre Bedingungen zu einem attraktiven Darlehen durch nachrangige Fremdmittel von institutionellen oder privaten Investoren verbessern.

73. Vorteile, Nachteile und Tips zu Finanzierungsmöglichkeiten eines Buy-out *(Forts.)*

❑ **Nachrangige Fremdmittel**

Das Buy-out hat auf Investoren eine starke Anziehungskraft. Die Aussicht auf einen erheblichen Wachstumsschub durch das eigenverantwortliche unternehmerische Handeln der Manager lockt Geldgeber.

! *TIP!* Bieten Sie Investoren stille Beteiligungen an, bei denen die Investoren am Gewinn beteiligt sind. Und: Warum sollten nicht andere Mitarbeiter mit einer stillen Beteiligung den Neustart ihres Unternehmens begleiten?

Eigene Anmerkungen

Der unwiderstehliche Charme eines Buy-out

Wir alle handeln nach „objektiven Kriterien“ und treffen „sachgerechte Entscheidungen“: Solche Formeln schützen uns vor dem Eingeständnis, letztlich doch überwiegend emotional begründet zu handeln. Und dieser Umstand ist bei keiner anderen Form der Unternehmensübergabe so wichtig wie beim Buy-out. Das Buy-out bietet hervorragende Chancen für die betriebliche Öffentlichkeitsarbeit. Das Motivationspotential eines Buy-out kann, geschickt vermarktet, entscheidende Pluspunkte bei Mitarbeitern, Kunden, Lieferanten und Banken einbringen. Wie kaum eine andere Übernahmeform demonstriert das Buy-out Zukunftsfähigkeit.

74. So nutzen Sie das Motivationspotential eines Buy-out bei Mitarbeitern, Kunden, Lieferanten und Banken

Das Buy-out und die Mitarbeiter

Übertragen Sie Ihre eigene Motivation auf die Mitarbeiter. Sie selbst gehen jetzt den Weg vom Manager zum eigenverantwortlichen Unternehmer. In Ihnen „brennt“ jetzt etwas, das den Funken auf alle anderen Mitarbeiter überspringen läßt. Nutzen Sie die Situation:

❑ Ordnen Sie die innerbetriebliche Kommunikation neu. Starten oder erneuern Sie periodische Mitarbeiterbesprechungen, die den Namen „Besprechungen“ auch verdienen. Sorgen Sie für eine direkte Ansprechbarkeit des Chefs für alle Mitarbeiter.

❑ Starten Sie Mitarbeiterbefragungen. Finden Sie heraus, wo ungenutzte Qualifikationen schlummern. Lernen Sie die tatsächlichen Wünsche und Bedürfnisse Ihrer Mitarbeiter kennen. Das Schlüsselwort für mehr Umsatz heißt „Kundenorientierung“; das Schlüsselwort für mehr Produktivität heißt „Mitarbeiterorientierung“.

❑ Verbessern und demokratisieren Sie das betriebliche Vorschlagswesen. Wo ist der Sand im Getriebe, den Sie noch nicht wahrnehmen? Wo kann mit einfachen Mitteln mehr Effizienz erreicht werden?

❑ Schaffen Sie wirtschaftliche Mitarbeiterbeteiligung. Es gibt eine Reihe von Möglichkeiten, das unternehmerische Verantwortungsgefühl der Mitarbeiter über Mitarbeiterbeteiligungen zu stärken. Nutzen Sie diese, gerade unmittelbar nach einem Buy-out:

- direkte Beteiligung von Mitarbeitern als Gesellschafter
- stille Beteiligungen an Gewinn und Verlust
- Genußscheine, die eine Verzinsung im Verhältnis zum erwirtschafteten Gewinn versprechen

Eigene Anmerkungen

- -

74. So nutzen Sie das Motivationspotential eines Buy-out bei Mitarbeitern, Kunden, Lieferanten und Banken *(Forts.)*

Das Buy-out und die Kunden

Wenn ein Unternehmen „normal" verkauft wird, vielleicht noch in einer größeren wirtschaftlichen Einheit aufgeht, besteht immer die Gefahr, daß der Kunde sich nicht länger mit dem Unternehmen identifiziert. Ganz anders bei einem Buy-out: Der Umstand, daß die besten Mitarbeiter die Chefsessel übernehmen, sichert die Sympathie der Kunden. Kein anderer Zeitpunkt ist für das Marketing Ihres Unternehmens so erfolgversprechend wie der des Buy-out. Maßnahmen, die Sie jetzt angehen sollten, sind:

Analyse der Kundenwünsche

- ❑ Welche Wünsche haben reale oder potentielle Kunden Ihres Unternehmens?
- ❑ Welche dieser Wünsche werden von Ihrem Unternehmen gegenwärtig noch nicht optimal erfüllt?
- ❑ Wie erfüllen Mitbewerber manche dieser Wünsche besser als Ihr Unternehmen?

Werkzeuge der Kundenorientierung einsetzen

- ❑ regelmäßig Kunden und Noch-nicht-Kunden befragen
- ❑ regelmäßige Telefoninterviews mit Kunden
- ❑ Gewinnspiele veranstalten
- ❑ Daten aus der betrieblichen Warenwirtschaft analysieren
- ❑ Kundenbeirat einrichten
- ❑ Reklamationen systematisch auswerten
- ❑ regelmäßig Testkäufe im eigenen Unternehmen und bei Wettbewerbern durchführen

Servicemanagement neu ordnen

Von der Station „Kunde droht mit Auftrag" bis zur Zahlungserinnerung: Prüfen Sie zusammen mit den beteiligten Mitarbeitern, inwieweit alle Vorgänge an der Erwartung der Kunden ausgerichtet sind.

Öffentlichkeitsarbeit

Das Buy-out gibt Ihnen hervorragende Möglichkeiten zu nachhaltiger PR. Forcieren Sie jetzt:

- ❑ Veranstaltungen, z.B. ein Tag der offenen Tür
- ❑ Pressearbeit (Verkaufen Sie das Buy-out als „gute Tat" für die Arbeitsplätze in der Region, führen Sie den bisherigen Eigentümer als vorausdenkenden Unternehmer vor.)
- ❑ Auftritte von allen am Buy-out beteiligten Personen in der Öffentlichkeit (Sie tun etwas Besonderes, man hat jetzt Interesse an Ihnen!)

74. So nutzen Sie das Motivationspotential eines Buy-out bei Mitarbeitern, Kunden, Lieferanten und Banken *(Forts.)*

Werbung

Demonstrieren Sie jetzt werbewirksam, daß in Ihrem Unternehmen die Zukunft begonnen hat, indem Sie

- ❏ das werbliche Erscheinungsbild mit Firmenlogo vorsichtig überarbeiten und modernisieren
- ❏ und mit dem Sympathie-Bonus werben, den das Buy-out einbringt.

Das Buy-out und die Lieferanten/Banken

Das Buy-out sichert die Zukunft des Unternehmens. Insbesondere Ihre Lieferanten werden ein Interesse an der langfristigen Existenzsicherung eines guten Kunden haben. In einzelnen Branchen, beispielsweise bei den Großbetrieben des Lebensmitteleinzelhandels, ist es in einer solchen Situation selbstverständlich geworden, die Lieferanten zur Kasse zu bitten. Legen Sie also Ihre Hemmungen ab:

- ❏ Bieten Sie Ihren Lieferanten eine langfristige Geschäftsbeziehung, verlangen dafür aber Sonderkonditionen, wie zum Beispiel längere Zahlungsziele.
- ❏ Kooperieren Sie mit Lieferanten bei den jetzt anlaufenden Maßnahmen der Werbung und Öffentlichkeitsarbeit (die Kosten trägt der Lieferant; die Organisation liegt bei Ihnen).
- ❏ Kooperieren Sie jetzt mit Lieferanten für ein Sondermodell, ein besonderes Angebot, das Sie in Zusammenhang mit dem Buy-out vermarkten.

Eigene Anmerkungen

---

75. Worauf es beim Buy-out entscheidend ankommt

Wenn Sie als Senior zu diesen Aussagen ja sagen, dann ist das Buyout für Ihr Unternehmen der richtige Weg:	ja	nein
Es gibt keine qualifizierteren Nachfolger für die Leitung des Unternehmens als die Spitzenkräfte aus der eigenen Führungsmannschaft.		
Das übernehmende Management genießt hohe Akzeptanz und Wertschätzung bei Mitarbeitern, Kunden und Lieferanten.		
Das Unternehmen ist nicht zu stark an meine Person gekettet.		
Mein Unternehmen weist keinen wesentlichen Investitionsstau auf.		
Mein Unternehmen ist in seinen Märkten stabil etabliert.		
Das übernehmende Management kann Unternehmenswerte zur Finanzierung des Kaufpreises beleihen.		
Eine Steigerung des Verkaufserlöses ist nicht das wichtigste Kriterium bei der Regelung der Nachfolge.		
Wenn das Management vollen Einsatz zeigt, bin ich auch bereit, über die Kaufpreishöhe und die Modalitäten der Zahlung eine beiderseitig tragbare Vereinbarung zu treffen.		
Der Erhalt des Unternehmens als eigenständige Einheit, die Sicherung meines Lebenswerkes sowie die Sicherung der Beziehungen zu den Mitarbeitern und Partnern des Unternehmens haben für mich hohe Bedeutung.		
Den drohenden Loyalitäts- und Interessenskonflikt im Vorfeld eines Buy-out kann ich im Einverständnis und in klaren vertraglichen Regelungen vermeiden und bewältigen.		
Wenn der übernehmende Manager meinen Rat oder meine aktive Unterstützung braucht, stehe ich zur Verfügung.		

Eigene Anmerkungen

XIII.

Verpachtung des Unternehmens

Die Verpachtung

Bestimmte Formen der Unternehmensnachfolge sind an der Größenordnung des Unternehmens orientiert. Aus dem Ein-Mann-Unternehmen kann kein Buy-out entstehen, aus dem Handwerksunternehmen nur selten eine Stiftung, und auch die Vermietung und Verpachtung des Unternehmens findet als Übergabelösung eine klare Zielgruppe: kleinere, mittelständisch orientierte, insbesondere handwerkliche Betriebe.

Die Kernentscheidung für die Verpachtung (oder auch Vermietung) des Unternehmens ist die, sich aus dem Unternehmen zurückzuziehen, dabei aber das Eigentum zu behalten. Verkauft werden im Rahmen einer Verpachtung meist nur Kleinmaschinen und Fahrzeuge.

76. Vorteile und Nachteile einer Verpachtung

Vorteile einer Verpachtung

❑ Die Verpachtung bringt dem Eigentümer laufende Einnahmen, die vom Pächter als Betriebsausgaben steuerlich absetzbar sind.

❑ Dem Pächter bleibt die Finanzierung des Kaufpreises, dem Verpächter ein zu versteuernder Veräußerungsgewinn erspart.

> **!** ***TIP!*** Der Betriebsinhaber kann wählen, ob er jetzt oder erst später gegenüber dem Finanzamt die Betriebsaufgabe erklären will; entsprechend kann er den Zeitpunkt der steuerlich belastenden Auflösung der stillen Reserven bestimmen. Voraussetzung dafür ist, daß alle wesentlichen Betriebsgrundlagen mitverpachtet werden.

❑ An den Pächter werden hinsichtlich seines Eigenkapitals und der Möglichkeiten zur Absicherung von Darlehen nur geringe Anforderungen gestellt.

❑ Nach Ablauf des Pachtvertrages kann der Verpächter eine andere, endgültige Übernahmelösung für seinen Betrieb realisieren; zum Beispiel verkaufen oder an Familienmitglieder übergeben. Die Verpachtung kann also auch eine Interimslösung darstellen.

Eigene Anmerkungen

---

76. Vorteile und Nachteile einer Verpachtung *(Forts.)*

Nachteile einer Verpachtung

- ❑ Der Pächter kann den Betrieb herunterwirtschaften. Die danach noch zu erlösende Pacht wird erheblich geringer sein.

- ❑ Der Pächter will stets eine moderne Ausstattung mit verpachteten Maschinen und Anlagen. Doch diese sind Eigentum des Verpächters, und Neuinvestitionen können nur mit seiner Zustimmung und meist auf seine Kosten erfolgen.

  ! *TIP!* Regeln Sie diesen Interessenskonflikt im Pachtvertrag, vor allem wenn Ihr Unternehmen mit einem hochwertigen Maschinen- und Anlagenpark verpachtet wird und dieser auch noch technologisch rasch veraltet. Oder: Verkaufen Sie die Maschinen und Anlagen, und vermieten Sie die Betriebsräume. Das bedeutet aber steuerlich die Betriebsaufgabe mit der Auflösung der stillen Reserven.

- ❑ Der Pächter kann zum Ende der Pachtzeit in unmittelbarer Nähe des gepachteten Betriebes ein eigenes Unternehmen begründen, das dem Pachtbetrieb ein Konkurrent ist. Die Weiterverpachtung wird dadurch erschwert.

- ❑ Eine Verpachtung ist immer nur eine Lösung auf Zeit; auch dann, wenn sich der Pachtvertrag mehrmals hintereinander automatisch verlängert.

Eigene Anmerkungen

77. Verpachtung an den Familiennachfolger

Die grundsätzlichen Handlungsanleitungen dieser Checklisten-Sammlung gelten insbesondere für die Verpachtung an den Familiennachfolger. Denn mit diesem Schritt ist die Unternehmensübergabe noch lange nicht geregelt. Beachten Sie daher:

❑ **Verpachtung ist nur eine vorläufige Lösung**

Wenn der Pächter aus der Familie das Unternehmen auch erben soll, dann müssen Sie das in einem Erbvertrag und Testament entsprechend festlegen. Regeln Sie dabei auch die Versorgung der Familienmitglieder, die nicht am Unternehmen beteiligt sein sollen, also beispielsweise die Auszahlungsverpflichtungen des Nachfolgers.

TIP! Zwischen der pachtweisen Überlassung des Unternehmens und dem Tod des Verpächters können viele Jahre liegen. Die Ansprüche der (weiteren) Erben richten sich aber nach dem Verkehrswert des Vermögens zum Zeitpunkt des Todes. Unter Umständen muß der Pächter eigene Leistungen weiteren Erben abgeben. Um dies zu umgehen, können Sie eine sofortige Übergabe unter Auflage vornehmen.

❑ **Mitarbeit im verpachteten Betrieb**

Nachdem Sie Ihr Unternehmen an ein Familienmitglied verpachtet haben, können Sie als Eigentümer in diesem Unternehmen weiter mitarbeiten. Für den Familienpächter sind sowohl die Pachtzahlungen als auch das Gehalt, das der Verpächter bezieht, in voller Höhe Betriebsausgaben.

❑ **Steuerliche Belastungen vermeiden**

Nutzen Sie zwei wesentliche Instrumente: Erstens können Sie über die Höhe der Pachtzahlungen und gegebenenfalls über die Höhe des Gehalts des mitarbeitenden Verpächters bestimmen, wer in welchem Maße steuerlich belastet werden soll. Zweitens können Sie auch bei einer Verpachtung innerhalb der Familie den Zeitpunkt der Auflösung der stillen Reserven bestimmen.

TIP! Wenn der Verpächter das 55. Lebensjahr überschritten hat oder berufsunfähig geworden ist, stehen ihm Freibeträge zu.

Eigene Anmerkungen

- -

- -

- -

78. Worauf es im Pachtvertrag ankommt

Prüfen Sie, ob bei dem Pachtvertrag, den Sie abgeschlossen haben, alle Voraussetzungen gegeben sind, die von den Finanzämtern zur Anerkennung einer Betriebsverpachtung gefordert werden:	**ja**	**nein**
Alle wesentlichen Betriebsgrundlagen sind mitverpachtet.		
Der Verpächter könnte nach Ablauf des Pachtvertrags den Betrieb selbst wieder aufnehmen.		
Die verpachteten Betriebsgrundlagen werden in der bisherigen Art und Weise genutzt, sind nicht aus Anlaß der Verpachtung umgestaltet oder einem anderen Zweck gewidmet worden.		
Der Pächter ist ein Brancheninsider (bei Verpachtung an einen branchenfremden Unternehmer könnte das Finanzamt eine Betriebsaufgabe unterstellen).		
Verpachtete Betriebsgrundlagen, die während der Pachtzeit abgenutzt sind, werden erneuert.		

Eigene Anmerkungen

XIV.

Verkauf des Unternehmens

Der Verkauf

Beim Verkauf des Unternehmens handelt es sich um einen endgültigen Schritt, der klare Verhältnisse schafft. Der Verkäufer hat (bei Verkauf gegen Einmalzahlung) sein Geld sicher und genießt für den Verkaufserlös Steuervorteile. Der Käufer erwirbt ohne Wenn und Aber Besitz und Eigentum. Der Unternehmensverkauf geschieht bei mittleren und kleineren Betrieben oft auch gegen wiederkehrende Zahlungen oder Renten.

Eine gezielte und ausführliche Vorbereitung kann Ihnen diesen Schritt erheblich erleichtern. Dabei sollen die folgenden Listen helfen.

79. Von der Marktsondierung zur Vertragsunterzeichnung

Beantworten Sie zur Planung des Unternehmensverkaufs diese Fragen:

Phase 1: Analysieren

❑ Welchen Anteil am Markt hat mein Unternehmen?

- -

- -

❑ Wo liegen die Stärken und Schwächen meines Unternehmens im Vergleich zu den Stärken und Schwächen des Wettbewerbs?

- -

- -

❑ Können die Erfolgsfaktoren meines Unternehmens auch morgen noch Gültigkeit haben?

- -

- -

❑ Mit welchen Aufträgen ist auch in der Zukunft sicher zu rechnen?

- -

- -

❑ Welchen Wert haben erworbene Rechte (Patente, Verfahrensrechte) für mein Unternehmen?

- -

- -

❑ Sind die Abläufe in meinem Unternehmen erneuerungsbedürftig?

- -

- -

79. Von der Marktsondierung zur Vertragsunterzeichnung *(Forts.)*

- ❑ Welche Qualität hat mein Unternehmen hinsichtlich der Qualifikation und Motivation seines Managements und seiner Mitarbeiter?

- ❑ Was sagen die Zahlen meines Unternehmens (Entwicklung von Umsätzen, Erträgen, Liquidität)?

- ❑ Welche Ziele verfolge ich mit dem Unternehmensverkauf, die über den reinen Verkaufserlös hinausgehen?)

Phase 2: Entscheiden

- ❑ Gibt es ein grundsätzliches Ja oder Nein zum Verkauf des Unternehmens?

- ❑ Welcher Partner und Berater kann mir helfen, den optimalen Käufer für mein Unternehmen zu finden?

- ❑ Welche persönlichen Ziele und Entscheidungskriterien für die Auswahl des Käufers sind maßgeblich?

- ❑ Welche Kandidaten sollen als potentielle Käufer geprüft werden?

Phase 3: Verhandeln und verkaufen

- ❑ Welche Informationen will ich zu welchem Zeitpunkt einem Übernahmekandidaten offenlegen?

79. Von der Marktsondierung zur Vertragsunterzeichnung *(Forts.)*

❑ Mit welchen Zielen und Kaufpreisforderungen gehe ich in Verhandlungen?

❑ Wann will ich welche Partner (Mitarbeiter, Kunden, Berater) informieren?

! ***TIP!*** Einerseits löst ein zu frühes Bekanntwerden von Verkaufsabsichten bei Mitarbeitern, Kunden und Partnern erhebliche Unruhe aus, andererseits ist es unvermeidbar, einem Interessenten nicht auch entscheidende Zahlen offenzulegen. Deshalb: Schalten Sie bei der Suche nach Kaufinteressenten und bei den Vorverhandlungen einen neutralen Berater ein. Bevor Sie dann den Kaufinteressenten alle Daten einsehen lassen, sollten Sie ein Letter of Intent, eine schriftliche Absichtserklärung, einfordern. Wenn der Kaufinteressent Sie doch nur aushorchen wollte und die Verhandlungen willkürlich abbricht, können Sie Ansprüche gegen ihn geltend machen.

Eigene Anmerkungen

80. Potentielle Käufer und Ihre Nutzenerwartungen beim Unternehmenskauf

! *TIP!* Befassen Sie sich eingehend mit den Motiven eines potentiellen Käufers. Das Wissen um seine Absichten stärkt Ihre Argumentation in den Verhandlungen.

	trifft zu	trifft nicht zu
Es handelt sich um einen Manager mit dem Wunsch nach Selbständigkeit.		
Auch Lieferanten und Kunden können diese Absichten haben:		
– Schaffung von neuen Geschäftsfeldern, die den bisherigen vor- oder nachgelagert sind. *Beispiele:* Ein Lieferant von Halbfertigwaren will im Vertrieb des Fertigprodukts einsteigen, ein Kunde will Teile der Produktion in eigener Regie durchführen.		
– Zusammenführung der Stärken von zwei sich ergänzenden Unternehmen		
– Kosteneinsparungen durch weniger Vertriebsstufen		
– Gewinnung von Unabhängigkeit. *Beispiel:* Der bisherige Lieferant von Halbfertigwaren erlangt Zugang zum Kunden des Fertigprodukts, der bisherige Kunde zum Rohstoffmarkt.		
– Diversifikation der bisherigen geschäftlichen Tätigkeit, der Produkt- und Leistungspalette		
Renditesucher gibt es im wesentlichen als zwei Typen:		
– Der eine sucht ein Unternehmen als renditestarkes Investment.		
– Der andere strebt einen kurzfristigen Wiederverkauf des Unternehmens an.		

Eigene Anmerkungen

- -

Vorbereitung und Durchführung der Verkaufsverhandlungen

Die Herangehensweise an den Unternehmensverkaufs ist vergleichbar mit derjenigen, mit der Sie ein neues Produkt auf den Markt bringen: Sie analysieren den Markt und vergleichen die Nutzenerwartung der Zielgruppe mit dem Nutzenangebot des neuen Produkts. Dabei sind wieder einige Grundregeln zu beachten.

81. Regeln bei der Vorbereitung und Durchführung der Verkaufsverhandlungen

❏ **Nicht alles allein machen wollen**

Sie waren immer Einzelkämpfer; haben es allen anderen gezeigt. Das war oft gut so, kann aber gerade beim Unternehmensverkauf zur gefährlichen Falle werden. Sie brauchen jetzt Berater und Partner an Ihrer Seite, die in sehr verschiedenen Bereichen tiefe Kenntnisse haben: Erforderlich sind analytisches Denken, psychologisches Verhandlungsgeschick, rechtliche und steuerliche Kenntnisse.

Bedenken Sie: Die Beauftragung erfahrener Berater schützt in dieser Phase vor zu frühem Bekanntwerden Ihrer Absichten und kann damit einer Schwächung Ihrer Verhandlungsposition vorbeugen.

❏ **Motive erforschen**

Stehen Sie zu Ihren Gefühlen! Was bewegt Sie, wenn Sie an den Verkauf Ihres Lebenswerkes denken? Was ist Ihnen wichtig? Wollen Sie wirklich loslassen oder durch den Verkauf die Zukunft Ihres Unternehmens in eine bestimmte Richtung lenken? Dokumentieren Sie die Antworten auf diese Fragen für sich selbst.

Genauso wichtig ist es, die Motive der potentiellen Käufer kennenzulernen. Lassen Sie sich genügend Zeit, Kaufinteressenten kennenzulernen. Machen Sie ein mentales Training: Spazieren Sie durch die Gehirnwindungen des potentiellen Käufers. Betrachten Sie sich selbst und die Verkaufsverhandlungen von seinem Standpunkt aus.

❏ **Souverän anbieten**

Sie kennen Ihr Geschäft, können die Produkte und Leistungen Ihres Unternehmens präzise beschreiben. Genauso detailkundig und souverän sollten Sie jetzt auch Ihr eigenes Unternehmen anbieten können. Eine sorgfältige Analyse Ihres Unternehmens und seines Umfeldes zeigt Ihre Professionalität und zahlt sich bei den Verhandlungen aus.

81. Regeln bei der Vorbereitung und Durchführung der Verkaufsverhandlungen *(Forts.)*

❑ **Geduld haben**

Vielleicht vergehen sechs Monate, vielleicht auch drei Jahre vom Zeitpunkt Ihrer Entscheidung für einen Unternehmensverkauf bis zur Vertragsunterzeichnung. Planen Sie diese Zeit ein, und werden Sie nicht ungeduldig. Ausreichendes Durchhaltevermögen sichert am besten, daß Ihr Unternehmen zu guten Konditionen in die richtigen Hände gelangt.

Eigene Anmerkungen

Die Kaufpreisfindung

Sie verkaufen Ihr Lebenswerk. Wenn es um die Ermittlung des Kaufpreises geht, könnten Sie sicher objektiver urteilen, wenn es sich um ein fremdes Unternehmen handeln würde. Subjektive Faktoren können bei der Kaufpreisfindung nicht völlig ausgeschlossen werden, aber wichtig ist, daß Sie sich ihrer bewußt sind.

TIP! Befassen Sie sich mit dem Thema aus Sicht Ihres Gegenübers. Welche Bewertungsmethoden würden Sie heranziehen und für angemessen ansehen, wenn Sie der Kaufinteressent wären?

82. Harte und weiche Faktoren für die Kaufpreisfindung

Weiche Faktoren

- ❑ Subjektive Prognosen von Käufer und Verkäufer über die künftigen Chancen und Risiken
- ❑ Motive des Käufers
- ❑ Weiterführung des Unternehmens in Ihrem Sinne
- ❑ Vereinbarkeit mit der Familientradition
- ❑ Akzeptanz dieses Verkaufs bei Mitarbeitern, Kunden und Partnern
- ❑ Persönliche Identifikation mit der Person des Käufers

Harte Faktoren

- ❑ Der Ertragswert des Unternehmens
  Der renditeorientierte Käufer wird in erster Linie die Erträge Ihres Unternehmens bemessen wollen. Bei der Kaufpreisfindung hat sich die Ertragswertmethode bewährt, die auf Basis der zurückliegenden drei bis fünf Jahre den künftigen Ertragswert des Unternehmens prognostiziert:

  - Ausgangsbasis ist die Ertragslage der vergangenen Jahre.
  - Außergewöhnliche Faktoren werden herausgerechnet.
  - Kalkulatorische Kosten (Unternehmerlohn, kalkulatorische Abschreibung) werden eingerechnet.
  - Diese bereinigten Erträge aus den vergangenen Jahren werden einer Prognose der künftigen Geschäftsentwicklung gegenübergestellt.
  - Zur Abzinsung (Abdiskontierung) dieser Zukunftserträge wird ein Zinssatz einer Alternativanlage angenommen.

- ❑ Der Substanzwert des Unternehmens
  Zwei Fragen sind hierbei wesentlich, die den Unternehmenswert einmal nach oben und einmal nach unten begrenzen:

  - Was würde es kosten, ein Unternehmen dieser Art, mit diesem Leistungsumfang und diesen Potentialen aufzubauen, wie hoch ist also der Wiederbeschaffungswert des Unternehmens?
  - Welchen Liquidationswert hätte das Unternehmen heute?

82. Harte und weiche Faktoren für die Kaufpreisfindung *(Forts.)*

- ❑ Kombinationsverfahren
  Es bestehen eine Reihe von Verfahren zur Unternehmensbewertung, die sich im wesentlichen durch die unterschiedliche Gewichtung von Substanzwert und Ertragswert unterscheiden. Meist wird der Ertragswert stärker gewichtet als der Substanzwert; das „Schweizer Verfahren" etwa ermittelt den Unternehmenswert im Verhältnis 2 : 1 von Ertragswert und Substanzwert.

- ❑ Subjektive Einflüsse
  Die Unternehmensbewertung hängt aber letztlich auch von der meist subjektiven Einschätzung der zukünftigen Chancen und Risiken ab. Diese Einschätzung kann auf der Grundlage der Informationen über das Unternehmen getroffen werden. Aber die Interpretationen von Käufer und Verkäufer weichen hierüber naturgemäß erheblich ab. Um so wichtiger ist es, dem Käufer ein nachvollziehbares und überzeugendes Zukunftskonzept darzustellen.

Eigene Anmerkungen

83. Die wichtigsten Regeln beim Unternehmensverkauf auf einen Blick

- ❑ Wägen Sie den Verkauf des Unternehmens zu allen anderen Übernahmemodellen sorgfältig ab. Der Verkauf ist ein endgültiger Schritt, der klare Verhältnisse schafft. Sind Sie bereit dazu?

- ❑ Analysieren Sie Ihr Unternehmen. Wohl nie vorher in der Geschichte Ihres Unternehmens konnte eine schlüssige Analyse des Betriebs und seines ganzen Umfelds soviel bares Geld wert sein.

- ❑ Wählen Sie Partner und Berater, die Sie auf dem Weg des Verkaufs begleiten. Sie sollten für diesen Schritt sowohl Erfahrung im Verkauf von Unternehmen, rechtliche und steuerrechtliche Kompetenz als auch Gesprächstalent und Verhandlungsgeschick einkaufen. Ganz wichtig: Sie müssen zu diesen Beratern volles persönliches Vertrauen haben.

- ❑ Lassen Sie die Vorauswahl der potentiellen Käufer von einem Berater vornehmen; so bleibt Ihre Verkaufsabsicht noch geheim.

- ❑ Erstellen Sie ein Unternehmens-Informationspaket, das alle für einen Käufer relevanten Daten zielgerichtet auf den Verkauf darstellt.

- ❑ Bevor Sie alle Zahlen offenlegen, lassen Sie sich mit einer Absichtserklärung das Kaufinteresse bestätigen. Bei einem willkürlichen Rückzieher des Kaufinteressenten haben Sie dann Ansprüche.

- ❑ Ermitteln Sie sorgfältig die Motive des potentiellen Käufers, und gleichen Sie diese Motive mit Ihren Absichten ab.

- ❑ Ermitteln Sie den Wert Ihres Unternehmens. Orientierungsgrößen sind der Ertragswert des Unternehmens, der Substanzwert des Unternehmens sowie die Bewertung der zukünftigen Chancen und Risiken.

- ❑ Lassen Sie sich Zeit. Der Unternehmensverkauf kann einige Monate, aber auch einige Jahre dauern. Wie bei jedem Verkauf können bei einem Verkauf unter Zeitdruck keine optimalen Konditionen ausgehandelt werden.

Eigene Anmerkungen

- -

- -

- -

XV.

Ungewöhnliche Übergabemodelle

84. „Going public" – Voraussetzungen, Chancen und Risiken des Börsengangs

Ihr Unternehmen ist reif für den Börsengang, wenn diese Aussagen zutreffen

	trifft zu	**trifft nicht zu**
Familiennachfolger fehlen oder sind nicht ausreichend qualifiziert.		
Das Unternehmen ist umsatzstark (je nach Branche sollte der Umsatz mindestens im zweistelligen Millionenbereich liegen).		
Das Unternehmen ist ertragsstark (sowohl absolut als auch im Branchenvergleich).		
Der Ertragszuwachs der letzten Jahre wird auch für die Zukunft prognostiziert.		
Strategie und Philosophie des Unternehmens sind schlüssig.		
Es besteht eine solide Markt- und Wettbewerbsstellung.		
Sämtliche Managementebenen sind kompetent besetzt.		
Die Daten des betrieblichen Rechnungswesens sind nachvollziehbar.		
Sie streben an, zwischen 25 und 49 Prozent des Grundkapitals an der Börse zu plazieren.		

Chancen des Börsengangs im Rahmen einer Unternehmensnachfolge

	ist mir wichtig	**ist mir weniger wichtig**
Der Börsengang wirkt für Ihr Unternehmen wie eine Eigenkapitalquelle.		
Die Möglichkeiten zum Börsengang für Familienunternehmen sind mit der Öffnung des Kapitalmarktes, insbesondere mit dem 1997 gegründeten „Neuen Markt", erheblich verbessert worden.		
Mit dem Börsengang erfolgt eine stringente Trennung von Unternehmen und Gesellschaftern. Jedes Familienmitglied kann über seine Anteile jederzeit souverän verfügen.		

84. „Going public" – Voraussetzungen, Chancen und Risiken des Börsengangs *(Forts.)*

	ist mir wichtig	ist mir weniger wichtig
Da die Geschäftsführung einer Aktiengesellschaft nicht mehr weisungsgebunden ist, sondern durch den Aufsichtsrat kontrolliert wird, steigt die Attraktivität.		

Risiken des Börsengangs

	kann ich mir leisten	kann ich mir nicht leisten
Die Vorbereitung des Börsengangs erfordert viel Zeit zur sorgfältigen Planung; rechnen Sie mit bis zu drei Jahren.		
Die Einflußnahme der Inhaberfamilie wird beschränkt. Familienfremde können gegen den Willen der Inhaberfamilie Einfluß gewinnen.		
Im Erbgang ist die steuerliche Belastung sehr hoch. Bemessungsgrundlage für die Erbschaft- und Schenkungssteuer ist der Börsenkurs, dieser liegt meist um ein Mehrfaches über der Bemessungsgrundlage von Unternehmen, die nicht börsennotiert sind.		

! ***TIP!*** Mit Schenkungen im Vorfeld des Börsengangs können diese Belastungen eingegrenzt werden.

Eigene Anmerkungen

- -

- -

- -

- -

- -

Die Stiftung

Setzen wir folgende Situation voraus: Es gibt einerseits keinen geeigneten Familiennachfolger, andererseits soll das Unternehmen in seiner Existenz und seiner Selbständigkeit erhalten bleiben. So sieht klassischerweise die Nachfolgeproblematik aus, deren Lösung in der Errichtung einer Stiftung liegt. Aber bedenken Sie: Eine Stiftung unterliegt auch dem unternehmerischen Risiko. Ein ungeeigneter Stiftungsvorstand kann für die Fortführung Ihres Unternehmens ebenso gefährlich sein wie ein ungeeigneter Geschäftsführer oder Familiennachfolger.

Im folgenden, die Vorteile der Stiftung auf einen Blick:

85. Gemeinnützige Stiftung und Familienstiftung

Das bringt die gemeinnützige Stiftung

- ❑ Ihr Unternehmen erhält einen „unsterblichen" Eigentümer/Gesellschafter. Auch wenn Sie keine Kinder und Familiennachfolger haben, sichern Sie die Existenz Ihres Unternehmens.
- ❑ Das unternehmerische Vermögen geht steuerfrei auf die Stiftung über, die gemeinnützigen Zwecken dient.
- ❑ Maximal ein Drittel der Einnahmen der Stiftung dürfen dazu verwendet werden, den Stifter und seine nahen Angehörigen angemessen zu unterhalten. Diese Zuwendungen unterliegen bei den Empfängern der Einkommensteuer.
- ❑ Die gemeinnützige Stiftung selbst darf keine gewerbliche Tätigkeit ausüben, ohne ihren bevorzugten steuerlichen Status zu verletzen. Daher wird zwischen das zu übertragende Unternehmen und die Stiftung häufig eine GmbH gestellt.
- ❑ Die gemeinnützige Stiftung selbst ist zwar von der Körperschaft- und Einkommensteuer befreit, dies gilt aber nicht für Einkünfte aus einem Geschäftsbetrieb. Der wirtschaftliche Geschäftsbetrieb ist auch dann nicht von der Körperschaft- und Einkommensteuer befreit, wenn seine Erträge ausschließlich gemeinnützigen Zwecken zufließen.

Eigene Anmerkungen

85. Gemeinnützige Stiftung und Familienstiftung *(Forts.)*

Das bringt die Familienstiftung

- ❏ Die Familienstiftung läßt Ihren Erben zwar die Erträge am Unternehmen ungeschmälert zugute kommen, ermöglicht den Erben aber keine Dispositionsbefugnis über das Unternehmen. Ihre Erben können somit das Unternehmen zum Beispiel nicht verkaufen.
- ❏ Das Vermögen der Familienstiftung unterliegt alle 30 Jahre der Ersatzerbschaftsteuer.
- ❏ Wesentliche steuerliche Vorteile sind durch die Familienstiftung nicht zu erreichen.

! *TIP!* Mit einer Familienstiftung können Sie auch lediglich die Führung des operativen Geschäfts auf die Stiftung übertragen. Die Gesellschaftsanteile werden dann nach dem Tod des Unternehmers von dessen Erben gehalten (zum Beispiel: Stiftung & Co. KG).

Die Errichtung einer Stiftung

Das ist zu tun:

- ❏ Die Stiftung entsteht durch das Stiftungsgeschäft, also die Errichtung der Stiftung, und die erforderliche staatliche Genehmigung.
- ❏ Der Stifter stellt eine Satzung für die Stiftung auf. Diese regelt die Zweckbestimmung der Stiftung, die Zusammensetzung und Berufung ihre Organe, insbesondere des Vorstands.
- ❏ Treffen Sie vor dem Stiftungsgeschäft Vorsorge für die unternehmerische Kompetenz des späteren Stiftungsvorstands. Planen Sie in der Gestaltung der Satzung Stiftungsorgane wie den Beirat oder ein Kuratorium, die für eine sachorientierte Besetzung der Vorstandspositionen und eine wirksame Kontrolle sorgen.

! *TIP!* Die Genehmigung von Stiftungen ist in Deutschland Ländersache. In manchen Bundesländern ist die Genehmigung einer Familienstiftung sehr schwierig zu bekommen.

Eigene Anmerkungen

- -

- -

- -

- -

XVI.

Der Selbstcheck

Die folgenden Checklisten helfen Ihnen, sich selbst besser einschätzen zu lernen und sich gezielt auf eine Übernahme vorzubereiten.

86. Erfüllen Sie die persönlichen Voraussetzungen für die Übernahme?

	ja	nein
Fühlen Sie sich körperlich gesund und belastbar genug, um in den vor Ihnen liegenden Jahren ein zusätzliches Arbeitspensum und deutlich mehr Verantwortung und Anspannung zu bestehen? *Aufgabe:* Notieren Sie sich die Einschränkungen. -		
Fühlen Sie sich energiegeladen und ausgeglichen? *Aufgabe:* Notieren Sie, welche Umstände Sie davon abhalten, sich energiegeladen und ausgeglichen zu fühlen. Korrigieren Sie diese Umstände. -		
Besitzen Sie Optimismus, Durchsetzungsvermögen und Verantwortungsbewußtsein? *Aufgabe:* Werden Sie sich der Situationen bewußt, in denen Sie optimistisch, durchsetzungsfähig und verantwortungsfreudig waren. Modellieren Sie künftig Ihr Verhalten anhand dieser bereits erlebten Verhaltensmuster. -		
Kennen Sie Ihre eigenen besonderen Stärken und Schwächen? *Aufgabe:* Analysieren Sie mit einem Freund oder einem vertrauten Berater diese Stärken und Schwächen. Verlassen Sie mit Gedankentrainings die negativen Verhaltensmuster, die Ihre Schwächen kennzeichnen. -		
Sind Sie sich Ihrer Ängste hinsichtlich Ihrer zukünftigen Rolle als Unternehmer bewußt? *Aufgabe:* Erkennen Sie, daß alle Menschen vor Neuem Angst haben. Erkennen Sie, daß andere Menschen Ihre Ängste meist nicht wahrnehmen. -		

86. Erfüllen Sie die persönlichen Voraussetzungen für die Übernahme? *(Forts.)*

	ja	nein
Sind Sie bereit, auf Freizeit, Hobby und Vergnügen im wesentlichen zu verzichten und der Übernahmephase absolute Priorität einzuräumen? *Aufgabe:* Setzen Sie sich auch für Ihr privates Leben als Unternehmer klare Ziele. Was brauchen Sie im privaten Leben, um die eigene Arbeitsfreude und Motivation zu erhalten und zu steigern?		
Ist Ihr Privatleben/Familienleben geordnet, oder stehen Sie jetzt oder in naher Zukunft vor psychischen Belastungen (Ehescheidung oder ähnlichem)? *Aufgabe:* Ordnen Sie zuerst Ihr privates Leben, machen Sie sich zuerst frei von Belastungen, und gehen Sie erst danach die Übernahme des Unternehmens an.		
Beurteilen Sie sich selbst als Unternehmer-Typ. *Bedenken Sie:* Wenn Sie sich selbst nicht als Unternehmer sehen, werden andere Menschen Sie nicht als solchen akzeptieren. Die Flucht in die Selbständigkeit ist eine zweifelhafte Lösung bei Unzufriedenheit eines Managers.		
Sehen Sie sich selbst als den besten aller möglichen Kandidaten für die Übernahme des angestrebten Unternehmens? *Bedenken Sie:* Nur wenn Sie Ihre eigenen Energien wahrnehmen, werden auch Ihre Mitarbeiter sie spüren.		
Haben Sie für Ihr berufliches und persönliches Leben Ziele definiert und Fristen, in denen Sie diese Ziele erreicht haben wollen? *Wenn nicht:* Wiederholen Sie das Kapitel „Zielmanagement“.		

86. Erfüllen Sie die persönlichen Voraussetzungen für die Übernahme? *(Forts.)*

	ja	nein
Haben Sie Visionen für Ihr eigenes Leben, für Ihr Unternehmen, für unsere Gesellschaft? *Bedenken Sie:* Sie sollen nicht Verwaltungschef einer Behörde oder der oberste Buchhalter Ihres Unternehmens sein, sondern einen dauerhaften dynamischen Prozeß entstehen lassen, der Ihr Unternehmen in die Zukunft führt. -		
Haben Sie kompetente und vertrauenswürdige Personen, die Sie als Berater in Ihre Übernahmepläne einweihen können? *Bedenken Sie:* Sie werden noch oft genug Einzelkämpfer sein müssen und einsame Entscheidungen zu treffen haben. Suchen Sie deshalb jetzt Erfahrungs- und Gedankenaustausch. -		
Ist Ihr Partner/Ihre Partnerin/Ihre Familie mit der geplanten Unternehmensübernahme einverstanden? *Bedenken Sie:* Sie brauchen den Rücken frei, zumindest aber den Ausschluß von Streßfaktoren im Familienleben, die aus der Unternehmensübergabe herrühren könnten. -		

Eigene Anmerkungen

- -

- -

- -

- -

- -

87. Besitzen Sie die fachliche und betriebswirtschaftliche Kompetenz für die Übernahme?

	ja	nein
Entspricht Ihre Berufsausbildung der angestrebten Unternehmertätigkeit? *Aufgabe:* Notieren Sie die Nutzenerwartung hinsichtlich formaler Ausbildungen aus Sicht des Unternehmens und das Nutzenangebot, das Sie bieten. -- --		
Sind Ihre kaufmännischen Kenntnisse und Erfahren der künftigen Unternehmertätigkeit angemessen? *Aufgabe:* Notieren Sie die Nutzenerwartung hinsichtlich des kaufmännischen Know-how aus Sicht des Unternehmens und das Nutzenangebot, das Sie bieten. -- --		
Erfüllen Sie alle rechtlichen Voraussetzungen (zum Beispiel bezüglich des Handwerksrechts), um das angestrebte Unternehmen zu führen? *Wenn nicht:* Können Sie diese Voraussetzungen noch erlangen, oder gibt es Ausnahme-/Einzelgenehmigungen? -- --		
Können Sie für Ihre künftigen Mitarbeiter ein fachliches Vorbild abgeben? *Prüfen Sie:* Sind Mitarbeiter, die Ihnen in dem angestrebten Unternehmen nachgeordnet sind, Ihnen hinsichtlich der fachlichen Kompetenz überlegen? -- --		

87. Besitzen Sie die fachliche und betriebswirtschaftliche Kompetenz für die Übernahme? *(Forts.)*

	ja	nein
Ist Ihre Berufserfahrung breit und tief genug für diese Unternehmertätigkeit? *Wenn nicht:* Prüfen Sie, ob der Zeitpunkt oder das anvisierte Unternehmen falsch ist. -		
Können Sie alle Managementbereiche und alle Geschäftsfelder des angestrebten Unternehmens aus eigener Kenntnis heraus beurteilen und hinsichtlich Leistung und Ergebnis prüfen? *Wenn nicht:* Welche Qualifizierungen sollten Sie vor der Übernahme noch erwerben, welche Trainings- oder Weiterbildungsseminare besuchen? -		

Eigene Anmerkungen

- -

- -

- -

- -

- -

- -

- -

- -

- -

88. Besitzen Sie die soziale Kompetenz für die Übernahme?		
	ja	nein
Erkennen Sie die formalen und tatsächlichen Qualifikationen und Potentiale von Vorgesetzten, Kollegen und Mitarbeitern? *Aufgabe:* Führen Sie zur Übernahme des Unternehmens Einzelgespräche, in denen Sie die versteckten Potentiale und Wunschtätigkeiten erfragen. -		
Erkennen und nutzen Sie die verschiedenen Motivationen von Mitarbeitern, sich für Ihre Ziele und Ihr Unternehmen einzusetzen? *Aufgabe:* Fragen Sie jeden Mitarbeiter, welche Anreize (Gehalt, Verantwortung, Statussymbole) für ihn wesentlich sind. -		
Brauchen Sie als Chef in erster Linie Kollegen und Assistenten oder doch „Aktenkofferträger"? *Aufgabe:* Machen Sie einen Gedankenausflug in die Zukunft: Wie wird sich Ihr Unternehmen nach innen und außen entwickeln, wenn Sie an einem traditionell-autoritären Führungsstil festhalten? -		
Geben Sie Ihren Mitarbeitern ausreichend Gründe, um sich vom Mitarbeiter zum Mitunternehmer zu entwickeln, zum Beispiel durch leistungsorientierte Entgeltsysteme und flexible Arbeitszeitsysteme? *Aufgabe:* Notieren Sie die Nutzenerwartung Ihrer Mitarbeiter, und gleichen Sie diese mit dem tatsächlichen Nutzenangebot ab, das die jeweiligen Arbeitsplätze bieten. So erkennen Sie die Wurzeln von Unzufriedenheit und „innerer Kündigung". -		

88. Besitzen Sie die soziale Kompetenz für die Übernahme? *(Forts.)*		
	ja	**nein**
Können Sie mit nachgeordneten Mitarbeitern, die Ihnen in Teilbereichen überlegen sind, kooperieren? *Bedenken Sie:* Nur erstklassige Chefs ertragen erstklassige Mitarbeiter, zweitklassige Chefs ertragen nur drittklassige Mitarbeiter. -		
Bieten Sie Ihren Mitarbeitern attraktive Möglichkeiten zur Weiterbildung und Qualifikation sowie innerbetriebliche Aufstiegsmöglichkeiten? *Wenn nicht:* Überlegen Sie, wie lange Sie selbst in einem Unternehmen vollen Einsatz geben würden, das Ihnen diese Möglichkeiten verwehrt. -		
! *TIP!* Expreß-Check für Übernehmer Dokumentieren Sie die Antworten der drei vorangegangenen Checklisten. Welche Qualifikationen bieten Sie? Wie sieht das Unternehmen aus, in dem gerade diese Qualifikationen besonders erfolgreich zum Tragen kommen?		

Eigene Anmerkungen

- - - - - - - - - -

- - - - - - - - - -

- - - - - - - - - -

- - - - - - - - - -

- - - - - - - - - -

XVII.

Unternehmenssuche

Ein passendes Unternehmen zur Übernahme zu finden ist alles andere als leicht. Die folgenden Listen nennen Ihnen Faktoren und Strategien, die den Weg zu einer richtigen Entscheidung und Durchführung weisen.

89. So finden Sie das richtige Unternehmen zur Übernahme

❑ Machen Sie ein Gedankentraining: Sie sind das neue Produkt, das auf dem Markt plaziert werden soll. Dokumentieren Sie für sich die Produkteigenschaften, die einzigartigen Konkurrenzvorteile, die Zielgruppen für die Vermarktung.

❑ Finden Sie heraus, welchem Unternehmen Sie den höchsten Nutzen geben können. Diese Fragen helfen Ihnen dabei:

- Welche Branchen suchen die formalen Qualifikationen, die ich biete?
- Welcher Größe und welcher Art wäre das Unternehmen, in dem ich meine kaufmännischen Kenntnisse am besten einsetzen könnte?
- Welche Unternehmenskultur und Geschäftsphilosophie sollte das Unternehmen haben, das ich als Führungsperson am stärksten bereichern kann?
- Welche Produkte/Dienstleistungen sollte das Unternehmen bieten, damit ich mich selbst in höchstmöglichem Maße damit identifizieren kann?
- Welcher Unternehmertyp wird die Qualifikationen und Persönlichkeitsmerkmale, die ich mitbringe, am stärksten schätzen?
- Gibt es Regionen, zu denen ich eine besonders hohe Identifikationsbereitschaft mitbringen und in denen ich bevorzugt ein Unternehmen übernehmen würde?

Aufgabe: Ergänzen Sie diesen Fragenkatalog um Fragen, die sich aus Ihrem Profil, Ihrer Persönlichkeit heraus ableiten lassen.

- -

- -

- -

! ***TIP!*** Vielleicht steht das Unternehmen schon fest, das Sie übernehmen sollen oder wollen. Prüfen Sie trotzdem Ihre Antworten auf diese Fragen. Wie beim Marketing für ein Produkt sollten die Produkteigenschaften den Erwartungen der Zielgruppe entsprechen. Wenn Ihre besonderen Fähigkeiten in dem angestrebten Unternehmen nicht zum Tragen kommen können oder nicht gewünscht werden, sollten Sie diese Entscheidung nochmals überprüfen.

❑ Prüfen Sie, inwieweit Sie die persönlichen, fachlichen, betriebswirtschaftlichen und sozialen Eignungen als Übernehmer eines Unternehmens aufweisen (siehe die Checklisten des vorangegangenen Kapitels).

❑ Erstellen Sie auf der Grundlage dieser Selbstchecks ein Profil für das Unternehmen, dem Sie den höchsten Nutzen geben können.

89. So finden Sie das richtige Unternehmen zur Übernahme *(Forts.)*

❑ Nutzen Sie bei der Suche nach diesem Unternehmen alle vorhandenen Quellen:

- Industrie- und Handelskammern, Handwerkskammern
- Unternehmensnachrichten und Inserate in Tageszeitungen, Wirtschaftszeitungen und Fachzeitschriften
- Vermittlung von Unternehmensberatern, die sich auf die Unternehmensnachfolge spezialisiert haben, sogenannte M&A-Berater.

Eigene Anmerkungen

90. So prüfen Sie die Informationen über das gewünschte Unternehmen

❏ Wenn Sie ein Unternehmen erwerben wollen, machen Sie zunächst ein mentales Training und schlüpfen in die Haut des Unternehmers, der sein Unternehmen verkaufen will. Arbeiten Sie dazu auch mit den Checklisten aus dem Kapitel „Verkauf des Unternehmens“.

❏ Betrachten Sie alle Informationen, die Sie auf Anfrage erhalten, einerseits als verschlüsselte (der Verkäufer will sich nicht gleich offenbaren) und andererseits als werblich geschönte Daten (der Verkäufer will zu besten Bedingungen verkaufen).

❏ Prüfen Sie die Motive für den Unternehmensverkauf. Gibt es Gründe, die dem Unternehmer einen Verkauf seines Lebenswerkes ratsam erscheinen lassen und Ihnen verschwiegen werden sollen?

❏ Erstellen Sie eine Analyse des Unternehmens unter folgenden Gesichtspunkten:

- Marktanteile
- Marktsegment, in dem das Unternehmen tätig ist, schrumpft/stagniert/boomt
- absolute Stärken und Schwächen
- Stärken und Schwächen im Vergleich zu den stärksten Wettbewerbern
- Bewertung von Rechten, Patenten und ähnlichem
- Auswertung von Zahlenmaterial: Welche Rückschlüsse läßt die mittelfristige Umsatz- und Gewinnentwicklung zu?

! *TIP!* Versuchen Sie, zu diesem Zweck soviel Einsicht wie möglich in Datenmaterial und betriebliche Abläufe zu gewinnen. Stellen Sie Fragen, um Ihre Analyse erstellen zu können.

❏ Erstellen Sie eine Prognose für das anvisierte Unternehmen:

- Bewerten Sie die Marktakzeptanz der jetzt angebotenen Produkte und Dienstleistungen.
- Bewerten Sie die Möglichkeit, mit diesem Unternehmen Produkte und Dienstleistungen für einen Markt der Zukunft anzubieten.

Eigene Anmerkungen

- -

- -

- -

- -

91. So drücken Sie den Kaufpreis

❑ **Den Verkaufsmotiven entsprechen**

Insbesondere ein Unternehmer, der sein Lebenswerk verkauft, will nicht nur den Verkaufspreis maximieren, sondern verbindet mit dem Verkauf seines Unternehmens bestimmte Pläne und Wertvorstellungen. Wenn Sie diese Ziele und Werte des Verkäufers erkennen und versuchen, ihnen zu entsprechen, steigen Ihre Chancen, auch einen moderaten Kaufpreis auszuhandeln.

Bedenken Sie: Kaum ein Unternehmensverkauf geht auf Verhandlungen zurück, die emotionslos auf der Basis von durchgehend objektiven Kriterien geführt wurden.

❑ **Das Unternehmens-Informationspaket prüfen**

Sicher wird man Ihnen keine falschen betriebswirtschaftlichen Daten nennen, um einen höheren Kaufpreis herauszuschinden, das würde nur zu Gewährleistungsansprüchen führen. Aber prüfen Sie:

- Sind die Daten vollständig? Oder fehlen vielleicht bestimmte Angaben zu bestimmten Zeiten?
- Erstrecken sich die Daten auf einen ausreichend langen Zeitraum?
- Werden zu allen wesentlichen betriebswirtschaftlichen Kennzahlen Angaben gemacht?

❑ **Die Begründung der Kaufpreisforderung prüfen**

In den wenigsten Fällen wird man Ihnen als Kaufinteressent einen willkürlichen, grob geschätzten Preis nennen, um den dann gefeilscht wird. Meist wird man Ihnen eine Summe nennen, die sich aus einer anerkannten und begründeten Kaufpreisermittlung ergibt. Prüfen Sie hierbei:

- Wurden substanzorientierte Verfahren der Unternehmensbewertung angewendet?
- Wurden ertragsorientierte Verfahren der Unternehmensbewertung angewendet?
- Wurde ein Kombinationsverfahren angewendet?

TIP! Diese Verfahren (siehe auch das Kapitel „Unternehmensverkauf“) geben stets nur eine Hilfestellung, um die Kaufpreisfindung für ein Unternehmen zu objektivieren. Es bleiben jedoch außerordentliche Ermessensspielräume, und es können sich enorme Differenzen im Ergebnis herausstellen. So können Sie das Ergebnis verändern:

- Setzen Sie bei ertragsorientierten Verfahren einen anderen Zinssatz für die Abdiskontierung des Zukunftsertrags an.
- Verändern Sie bei Kombinationsverfahren die Gewichtung von Ertragswert und Substanzwert.
- Argumentieren Sie bei einem schwächelnden Unternehmen mit dem Liquidationswert.
- Ermitteln Sie den anstehenden Investitionsstau, und bringen Sie die Aufwendungen von zurückgestellten Investitionen bei der Kaufpreisforderung in Abzug.

XVIII.

Kaufverhandlungen

Am Anfang Ihrer Übernahmeinteressen an einem fremden Unternehmen werden Sie Kontakt zu einem Steuerberater, einem Wirtschaftsprüfer oder einem auf Unternehmensverkäufe spezialisierten M&A-Berater aufnehmen. Die vorangegangenen Checklisten geben Ihnen Hilfestellung dabei, die hier erhaltenen Informationen optimal zu nutzen. Alle fünf Sinne sind aber gefordert, wenn Sie den ersten Gesprächs- und Besuchstermin in dem von Ihnen gewünschten Unternehmen wahrnehmen.

92. Der erste Besuch im „neuen" Unternehmen

Ihre Identität beim ersten Besuch

Das sollten Sie vorher wissen:

- ❑ Wer im Unternehmen ist über Ihre Kaufabsicht informiert?
- ❑ Welcher andere Besuchs- und Gesprächsanlaß wird vorgegeben?
- ❑ Werden Sie nur den Konferenzraum sehen oder eine vollständige Betriebsführung erhalten?

! *TIP!* Spätestens beim zweiten Termin sollten Sie eine vollständige Betriebsführung vereinbaren, bei der Sie auch mit Mitarbeitern ins Gespräch kommen können.

Rückschlüsse auf Wahrnehmungen

Sie brauchen volle Konzentration. Ganz selbstverständlich begutachten Sie das Firmengelände und die Firmengebäude, den Fahrzeug- und Maschinenpark, die EDV-Ausstattung. Darauf sollten Sie sonst noch achten:

- ❑ Reservierungen auf dem Firmenparkplatz lassen Rückschlüsse auf die Hierarchie im Unternehmen zu. Wenn schon die Parkplatzreservierung im Drei-Klassen-System (Vorstand, Management, Mitarbeiter) erfolgt, könnten die Managementebenen ähnlich starr sein.
- ❑ Reaktionen von unvorbereiteten Mitarbeitern auf unverfängliche Fragen („Na, gefällt Ihnen Ihre Arbeit?") können sehr aufschlußreich über das Betriebsklima sein.
- ❑ Gleiches gilt für Reaktionen von Mitarbeitern, wenn Sie in Begleitung des Chefs durch das Unternehmen geführt werden (devotes Grüßen und angstvolle Blicke sind kein Zeichen einer gesunden Unternehmenskommunikation).

TIP! Dokumentieren Sie, was Sie beim ersten Besuch im neuen Unternehmen wahrgenommen haben.

Schriftliche Informationen mit Besuchseindrücken und Gesprächsinhalten abgleichen

Sie werden noch keine Einsicht in die Bücher erhalten. Aber Sie können dennoch etliche Informationen, die Sie zum Beispiel aus einem Unternehmens-Informationspaket erhalten haben, mit Ihren Wahrnehmungen und den Antworten auf Ihre Fragen abgleichen. Prüfen Sie: Sind die schriftlichen Bewertungen über die Geschäftstätigkeit glaubwürdig? Wenn nicht, fragen Sie nach.

TIP! Je präziser Sie jetzt beobachten und nachfragen, desto mehr Informationen erhalten sie, desto kompetenter wirken Sie beim Verkäufer.

93. Die Nutzenerwartung des Inhabers

Erfolgsentscheidend bei den Verhandlungen um die Unternehmensnachfolge – ganz gleich ob in der Familie oder im Rahmen eines Unternehmenskaufs – ist die Übereinstimmung Ihrer Pläne mit den Absichten des übergebenden Inhabers.

Der Verkäufer hat eine konkrete Nutzenerwartung an denjenigen, der sein Unternehmen übernehmen soll; doch nur das Wenigste davon wird offiziell dargestellt werden. Deshalb: Verschaffen Sie sich mit strategischen Fragen an den Senior einen Informationsvorteil:

- ❑ Welches waren entscheidende Punkte der Firmengeschichte? (Wer hat das Unternehmen gegründet? Gab es Krisenzeiten?)
- ❑ Welches waren und sind die hauptsächlichen Erfolgsfaktoren?
- ❑ Welche Bedeutung hat das Unternehmen am Markt?
- ❑ Wie ist das Verhältnis zu den Wettbewerbern?
- ❑ Wie ist das Betriebsklima?
- ❑ Gibt es einen Betriebsrat, und wie sind seine Beziehungen zur Belegschaft und zum Management?

Diese und ähnliche Fragen zielen nicht nur auf die exakte Beantwortung, sondern sie regen das Gespräch an. Sie wollen in diesem Gespräch wissen, worauf es dem Inhaber wirklich ankommt. Wenn Sie seine Motive erforschen, können Sie in Ihrer Argumentation diesen Motiven entsprechen – was Ihre Erfolgschancen steigert.

Mögliche Motive und Nutzenerwartungen des Seniors bei der Unternehmensnachfolge können sein:

- ❑ Kontinuität des Unternehmens als eigenständige Einheit
- ❑ Erhalt der Arbeitsplätze insgesamt oder ganz bestimmter Arbeitsplätze für ganz bestimmte Personen
- ❑ Absicherung seiner Familie
- ❑ Sicherung, Begrenzung oder Ausschluß der Dispositionsbefugnis seiner Nachkommen über das Unternehmen
- ❑ Aufrechterhaltung bestimmter Geschäftsbeziehungen zu Kunden, Lieferanten, Banken oder Beratern
- ❑ Absicht, auch nach der Übergabe eine bestimmte beratende und/oder repräsentative Rolle für das Unternehmen zu übernehmen.

Eigene Anmerkungen

- -

- -

- -

94. Die wichtigsten Regeln bei Unternehmenskaufverhandlungen im Überblick

❑ Prüfen und erkennen Sie die tatsächlichen Beweggründe und Erwartungen Ihres Gegenübers. Inwieweit stimmen Sie damit überein?

❑ Versuchen Sie, sich so viele Detailinformationen wie möglich über das Unternehmen zu besorgen.

❑ Prüfen Sie vorgelegte Informationen. Verhandeln Sie auf der Basis der gleichen Sachinformationen.

❑ Recherchieren Sie. Je mehr Sie über Ihr Verhandlungsgegenüber wissen, desto stärker wird Ihre Verhandlungsposition.

❑ Begeben Sie sich in kritischen Situationen mental in die Haut Ihres Gegenübers: Wie würden Sie an seiner Stelle reagieren?

❑ Alles, was Sie in Frage stellen, muß genau geprüft werden. Scheuen Sie nicht den Aufwand einer Gegenanalyse zur Markt- und Wettbewerbssituation.

❑ Erstellen Sie eine Prognose für das Unternehmen. Wie werden sich Chancen und Risiken entwickeln?

❑ Überprüfen Sie die Berechnungsgrundlagen der Unternehmensbewertung. Es gibt mehrere Bewertungsverfahren, die miteinander kombiniert werden können und erheblichen Spielraum für subjektive Einflüsse und willkürliche Festsetzungen lassen.

❑ Nutzen Sie Ihren ersten Besuch im „neuen“ Unternehmen, um mit allen fünf Sinnen wahrzunehmen, wie Abläufe, Hierarchien, Unternehmenskommunikation und Stimmungen sind.

❑ Machen Sie sich mit der Firmengeschichte und dem Lebenswerk des jetzigen Inhabers vertraut.

❑ Prüfen Sie, ob alle Defizite (zum Beispiel Investitionsstau) in der Kaufpreisforderung berücksichtigt worden sind.

❑ Verhindern Sie frühzeitige Indiskretionen auf beiden Verhandlungsseiten.

❑ Klären Sie vor den ersten Verhandlungen ab, welche Informationen die Gegenseite zu welchem Zeitpunkt erhalten soll.

❑ Vor dem Kaufvertrag sichern Sie sich beiderseitig mit einem „Letter of Intent“, einer schriftlichen Absichtserklärung, ab.

❑ Präzisieren Sie im Kaufvertrag, welche Informationen vor Abschluß des Vertrags gegeben wurden (entscheidend für eventuelle Gewährleistungsansprüche).

❑ Präzisieren Sie im Kaufvertrag die Gewährleistungsansprüche oder den Ausschluß bestimmter Ansprüche.

XIX.

Schubkraft nutzen

Chancen bei der Übernahme

„Mit dem neuen Chef wird alles besser" – so oder ähnlich denken nicht nur viele Mitarbeiter, sondern auch Kunden und Lieferanten vor einer Unternehmensübernahme. Veränderungen haben jetzt eine besonders hohe Akzeptanz. Nutzen Sie also die Gunst der Stunde!

95. So schaffen Sie einen Übernahme-Motivationsschub bei Mitarbeitern

Lernen Sie die Erwartungen und Wünsche kennen, die die Mitarbeiter mit der Übernahme des Unternehmens und mit Ihnen verbinden:

- ❑ Was muß nach Ansicht der Mitarbeiter dringend anders werden?
- ❑ Wo und warum bestehen „innere Kündigungen"?
- ❑ Wo stockt die innerbetriebliche Kommunikation (von oben nach unten und umgekehrt)?
- ❑ Wo und warum besteht ein Motivationsdefizit?
- ❑ Wo sitzen die angstvollen und besitzstandswahrenden Mitarbeiter, die keine Veränderungen zulassen wollen?
- ❑ Wo sitzen die Mitarbeiter, die Sie tatkräftig bei Veränderungen unterstützen wollen?

Aufgaben:

- ❑ Analysieren Sie diese Problemstellungen (Mitarbeiterbesprechungen, Einzelgespräche).
- ❑ Dokumentieren Sie die Antworten auf diese Fragen.
- ❑ Definieren Sie die Lösungsansätze, mit denen Sie mehr Mitarbeiterzufriedenheit und höhere Effizienz erreichen können.

Prüfen Sie bestehende Arbeits- und Anstellungsverträge:

- ❑ Bestehen flexible Arbeitszeitmodelle, die den Mitarbeitern Zeitsouveränität bieten und für das Unternehmen höhere Effizienz bringen?
- ❑ Bestehen (nicht nur bei Führungspositionen!) ausreichende Leistungsanreize?
- ❑ Welche Mitarbeiter sind überbezahlt, welche sind unterbezahlt?
- ❑ Vergleichen Sie die Arbeitsentgelte mit der Produktivität, den Fehlzeiten.

Planen und verwirklichen Sie jetzt neue Führungsinstrumente:

- ❑ Flexible Arbeitszeiten erweitern die Personalverfügbarkeit über das reguläre Zeitbudget.
- ❑ Regelmäßige Mitarbeitermeetings erschließen bisher ungenutzte Ressourcen.
- ❑ Eine Erneuerung des Vorschlagswesens fördert die Eigeninitiative.
- ❑ Die Mitarbeiter-Eigenbewertung fördert die kritische Betrachtung der eigenen Arbeitsleistung.
- ❑ Das Arbeitsplatz-Abstimmungsgespräch fördert den Meinungsaustausch über das Leistungsverhalten der Mitarbeiter.
- ❑ Leistungsorientierte Entgeltsysteme, die sich an der Erreichung und Überschreitung beziehungsweise Unterschreitung von Sollzahlen orientieren und zunächst für keinen Mitarbeiter eine Verschlechterung bedeuten dürfen, garantieren leistungsgerechte Entlohnung und fördern Motivation und Identifikation.

95. So schaffen Sie einen Übernahme-Motivationsschub bei Mitarbeitern *(Forts.)*

- ❑ Mit einer systematischen Leistungskontrolle prüfen Sie das Erreichen der Soll-Leistungen.
- ❑ Arbeitsplatzbeschreibungen legen Aufgaben und Verantwortlichkeiten fest.
- ❑ Führungsgrundsätze definieren das Verhalten von Vorgesetzten und Mitarbeitern.
- ❑ Angebote zur Weiterbildung und Qualifikation fördern fachliche und soziale Kompetenz.
- ❑ Die Verbesserung der innerbetrieblichen Karrieremöglichkeiten fördert die Identifikation leistungsorientierter Mitarbeiter.
- ❑ Eine regelmäßige Mitarbeiterzufriedenheitsanalyse durch Befragungen schützt vor mangelhafter Motivation und „innerer Kündigung“.

! *TIP!* Schaffen Sie sich ganz persönlich und für Ihr Unternehmen jetzt einen Aufmerksamkeits- und Sympathiebonus. Starten Sie beispielsweise eine Aktion „Betriebskindergarten“, tun Sie etwas für alleinerziehende Mitarbeiter, und demonstrieren Sie die Ausbildungsfreundlichkeit Ihres Unternehmens und die Chancen, die es besonders jungen Menschen bietet.

Eigene Anmerkungen

96. So schaffen Sie einen Übernahme-Zufriedenheitsschub bei Kunden

Führen Sie jetzt neue Instrumente zur Kundenintegration und Kundenbindung ein. Die Erwartungshaltung Ihrer Kunden und die Akzeptanz neuer Instrumente ist jetzt besonders groß.

Beachten Sie hierzu die Checklisten zur Kundenbindung und die Checkliste „So nutzen Sie das Motivationspotential eines Buy-out"

Verbessern Sie die Kundenzufriedenheit durch neues Management von Reklamationen. Erkennen Sie in jeder Reklamation die Chance, einen echten Freund für Ihr Unternehmen zu gewinnen.

Forcieren Sie jetzt Ihre Unternehmenskommunikation (PR, Pressearbeit und Werbung). Demonstrieren Sie den frischen Wind, der durch Ihr Unternehmen weht:

- ❑ Erhöhen Sie das Kommunikationsbudget aus Anlaß der Übernahme.
- ❑ Stimmen Sie die Kommunikationsziele zeitlich und inhaltlich auf die „Vermarktung" der Übernahme ab (Sympathiebonus für Übernahme schaffen und nutzen).

Diese Instrumente der Unternehmenskommunikation sollten Sie jetzt besonders einsetzen:

- ❑ Veranstaltungen im Unternehmen (Tag der offenen Tür, Übernahmeparty, Betriebsfest)
- ❑ Modernisierung des werblichen Erscheinungsbildes (Logoüberarbeitung und ähnliches)
- ❑ Außenwerbung am Unternehmen (Fahnen, Transparente, Fassadenwerbung, Großflächenwerbung, Fahrzeugbeschriftung)
- ❑ Direktwerbung (TIP: Postkarte statt Brief)
- ❑ Berufskleidung
- ❑ Preisausschreiben
- ❑ Pressemitteilungen, Pressefotos, Pressekonferenzen
- ❑ Kundenzeitung
- ❑ Geschäftsbericht mit Umweltbilanz und Sozialbilanz

Eigene Anmerkungen

Die Übernahme feiern

Der Übergang eines Unternehmens auf die nächste Generation oder an einen neuen Eigentümer sollte sich nicht im stillen Kämmerlein abspielen. Lassen Sie Mitarbeiter, Kunden und Lieferanten teilhaben und feiern!

97. So gelingt das Übernahme-Event

Benennen Sie alle Personen und Institutionen, die für Sie persönlich und für das Unternehmen wichtig sind. Ihr Übernahme-Event sollte folgende Gruppen erfassen und zusammenbringen:

- ❏ Mitarbeiter
- ❏ Kunden
- ❏ Lieferanten
- ❏ Banken
- ❏ Nachbarn
- ❏ Kooperationspartner
- ❏ Journalisten
- ❏ Branchen- und Wirtschaftsvertreter
- ❏ Repräsentanten der Politik

Planen Sie ein Event, das mehrere Ziele miteinander verbindet:

- ❏ Würdigung und Dank an den bisherigen Inhaber
- ❏ Vorstellung Ihrer Person, Ihrer Philosophie, Ihrer Ziele
- ❏ Vertrauensbildung bei Mitarbeitern
- ❏ Sympathiebildung bei Kunden
- ❏ Einflußgewinnung auf Entscheidungsträger aus Politik und Wirtschaft
- ❏ Unterstützung durch Banken und Lieferanten
- ❏ Unternehmens-PR in Medien

! *TIP!* Planen Sie Ihr Übernahme-Event als Kooperationsveranstaltung mit einem wichtigen Lieferanten (der die Kosten für das Event trägt).

Entscheiden Sie die Art des Events:

- ❏ Förmliche Feier (feierliche und symbolische Handlungen)
- ❏ Feierstunde (Grußworte, Ansprachen und Applaus mit anschließendem Sektempfang)
- ❏ Party (mit Partnern und Kindern der Einzuladenden, mehr Musik und Show als Reden)

Organisation:

- ❏ Benennen Sie einen Verantwortlichen für die Vorbereitung und Durchführung des Events.
- ❏ Legen Sie fest, wer welche Gäste zu betreuen hat.
- ❏ Nutzen Sie alle zur Verfügung stehenden Medien zur Ankündigung und Berichterstattung (Schwarzes Brett, Mitarbeiterzeitung, Kundenzeitung, Tageszeitung, regionale Medien).
- ❏ Laden Sie Ihre Mitarbeiter zum Event ein, ohne deren Kommen zu verordnen oder gar erkennbar zu überprüfen.

98. So machen Sie den Start in das neue Unternehmen zu einem Erfolg für alle Beteiligten: Kunden, Mitarbeiter und Partner

- ❑ Analysieren Sie, welche Erwartungen und Wünsche Mitarbeiter, Kunden und Lieferanten mit Ihrer Person verbinden.
- ❑ Erkennen Sie gegebene Kommunikations- und Motivationsdefizite innerhalb des Unternehmens und in den Außenbeziehungen des Unternehmens.
- ❑ Analysieren Sie die bestehenden Arbeits- und Anstellungsverträge.
- ❑ Vergleichen Sie die formalen Kompetenzen mit den tatsächlichen Kompetenzen der Mitarbeiter: Wo sind Frühstücksdirektoren, und wo sind verborgene Leistungsträger?
- ❑ Bestimmen Sie auf der Basis Ihrer Analyse die jetzt erforderlichen neuen Führungsinstrumente.
- ❑ Forcieren Sie die Einführung flexibler Arbeitszeitmodelle und leistungsorientierter Entlohnungsmodelle.
- ❑ Erleichtern Sie die Kommunikationswege im Unternehmen.
- ❑ Verbessern Sie die Möglichkeiten zur innerbetrieblichen Weiterbildung und Qualifikation und zu internen Karrieremöglichkeiten.
- ❑ Führen Sie neue Instrumente zur Kundenbindung ein.
- ❑ Erneuern Sie das Service- und Reklamationsmanagement.
- ❑ Verstärken Sie PR, Pressearbeit und Werbung.
- ❑ Starten Sie in das neue Unternehmen mit einem Übernahme-Event, das alle Menschen, die für die Zukunft des Unternehmens wichtig sind, zusammenbringt.
- ❑ Verschaffen Sie sich mit einer „guten Tat" einen Sympathiebonus im Betrieb und in der Öffentlichkeit.

Eigene Anmerkungen

- -

- -

- -

- -

XX.

Kleingedrucktes

99. Formalitäten bei der Übergabe des Betriebes

Haben Sie an alles gedacht?	o.k.	noch zu erledigen
Notar		
notarielle Beurkundung bei der Übertragung von Grundstücken		
Erbvertrag		
Banken		
Übernahme/Kündigung/Erneuerung von bestehenden Verträgen		
Rücknahme/Erneuerung von Sicherheiten		
Kündigung/Änderung von Grundschulden		
Zeichnungsberechtigungen ändern		
Daueraufträge und Abbuchungsermächtigungen prüfen/kündigen/ändern		
Finanzamt		
Änderungsmeldung		
Erhalt neuer Steuernummer		
Arbeitsamt, Gemeinde, Berufsgenossenschaft, Handels- oder Handwerkskammer, Gewerbeaufsichtsamt, LVA/BfA		
Mitteilung über Änderung/Unternehmensnachfolge/Verkauf		
Verträge (Miete, Pacht, Leasing)		
Verträge ändern/kündigen/neu abschließen		

Eigene Anmerkungen

- -

- -

- -

100. Prüfen Sie den Versicherungsschutz nach der Übernahme		
	ja	**nein**
Privater Versicherungsschutz		
Wollen Sie die gesetzliche Rentenversicherung weiterführen?		
Wenn ja, in welchem Umfang?		
Sind Sie und Ihre Familie ausreichend kranken- und unfallversichert?		
Ist Ihr versichertes Krankentagegeld und Krankenhaustagegeld realistisch?		
Haben Sie eine ausreichende Altersversicherung?		
Wollen Sie Ihre Familie über eine zusätzliche Lebensversicherung absichern?		
Versicherungsschutz gegen allgemeine Risiken im Unternehmen		
Besteht für das Unternehmen Versicherungsschutz gegen diese Risiken:		
Feuer		
Einbruchdiebstahl		
Raub		
Vandalismus		
Glasbruch		
Leitungswasserschaden		
Sturm/Hagel		
Betriebsunterbrechung		
Betriebsschließung (behördlich angeordnete Betriebsschließung zum Beispiel wegen Seuchengefahr)		
! *TIP!* Schließen Sie erforderliche Versicherungen als Einzelbausteine ab. Prüfen Sie mögliche Doppelversicherungen.		

100. Prüfen Sie den Versicherungsschutz nach der Übernahme *(Forts.)*		
	ja	**nein**
Betriebshaftpflichtversicherung		
Besteht eine Betriebshaftpflichtversicherung mit ausreichenden Deckungssummen?		
! *TIP!* Analysieren und dokumentieren Sie, welche Risiken hinsichtlich der Gefährdungshaftung nach dem Produkthaftungsgesetz sind in Ihrem Unternehmen von besonderem Gewicht?		
Rechtsschutzversicherung		
Gerade bei der Rechtsschutzversicherung sollten Sie sorgfältig prüfen, welche Risiken Sie zu welchen Konditionen absichern können:		
Allgemeiner Unternehmensrechtsschutz		
Verkehrsrechtsschutz		
Grundstücks- und Mietrechtsschutz		

Eigene Anmerkungen